The Balance
균형의 영성

| 강문종 지음 |

쿰란출판사

The
Balance

추천사

저자 강문종 장로님을 만난 것은 일리노이 주립대학교(UIC) 크리스천 동호회에서였습니다.

당시 유학생으로 석사과정 중에 있던 저자를 많은 후배 한인 학생들이 존경하며 따랐는데 그의 진실한 모습과 균형 잡힌 모습 때문이었습니다.

그 이후로 거의 40년 가까운 세월이 지나는 동안 신실한 크리스천으로서의 삶의 모범을 잃지 않았습니다. 이런 성실한 저자가 쓴 책 제목이 "The Balance(균형의 영성)"이다 보니 더욱 신뢰가 가는 것을 느낍니다.

크리스천으로서 지성과 영성을 고루 갖춘 이가 쓴 책입니다. 신앙인으로서의 균형을 유지하며 사는 데 도움을 주는 책이라 믿고 기쁘게 추천합니다.

2020년 10월 10일

분당우리교회 이찬수 목사

머리말

어렸을 때 피아노를 배우면서 힘들었던 단계가 있었습니다. 처음에는 왼손 따로 오른손 따로 각각 연습을 했습니다. 그래서 이제 각각 한쪽 손으로 치는 것은 거의 완벽하게 연습을 했다 싶었는데, 양손을 같이 치는 순간 엉망이 되어 버리는 것을 매번 경험했습니다.

아무리 한 손이 완벽하게 연습이 되어도 두 손으로 치는 것은 또 하나의 긴 연습과 노력이 필요하다는 것을 절실히 느꼈습니다. 또 한번의 고통, "같이 치는 고통"을 지나간 이후에 양손으로 치는 멋진 연주가 가능한 것이었습니다.

저는 신앙생활에서도 이러한 비슷한 경험을 자주 합니다. 내가 옆의 성도를 사랑하는 것과 옆의 성도가 잘못 행할 때 권고하는 것은 각각 이해하고 있지만, 막상 옆의 성도가 실제 잘못을 범할 때 어떻게 권고와 사랑을 적절히 적용해야 하는지 잘 모릅니다.

어떤 때에는 내 감정에 의지해서 마구 화를 내고 이것을 그 사람을 사랑하기 때문에 화를 낸 것이라고 둘러댈 때도 있습니다. 또 그냥 귀찮아서 잘못을 범하는 형제자매를 무관심하게 지나쳐 버리고 나서 이것은 내가 사랑이 넘쳐서라고 이야기합니다. 어떻게 하는 것이 잘못을 범하는 옆의 형제에게 하나님이 원하시는 방법으로 권고하는 것인지 참으로 답을 찾기 힘듭니다.

우리는 교회에서 일을 너무 하지 않아서 문제인 성도들도 많이 있지만, 반대로 일을 너무 많이 하고자 해서 문제인 사람들도 있습니다.

"사랑"은 모든 말과 행동을 정당화할 것같이 보이지

만, "절제"라는 덕목을 보면 "사랑"이라 할지라도 어디에선가 멈추어야 할 때가 있습니다.

많은 목회자들과 성도들이 같은 상황을 맞이하며 정반대의 견해를 보이는 것도 많습니다.

요즘 사람들이 교회 올 때 성경책, 찬송가를 가져오지 않고 핸드폰 하나 달랑 들고 와서 성경을 읽고 찬송가를 찾습니다. 이 새로운 현상에 대하여 많은 사람들이 비판합니다. 그러나 또 다른 사람들은 이것도 이미 새로운 형태의 성경이며, 책의 형태인 성경을 가지고만 다니지 읽지 않는 것보다는 이렇게 핸드폰에 있는 성경을 열심히 읽는 사람이 참 크리스천이라고 생각하는 사람들도 있습니다.

이러한 성경 안에서 서로 반대로 보이는 많은 말씀과 또 같은 상황을 서로 다르게 보고 주장하는 많은 성도들 가운데, 대부분의 사람들은 이러한 문제들을 심각하게 생각하지 않고 많이 고민하지 않고 살아가고 생활하고 있는 것 같습니다.

 이 책은 이러한 고민들 중 몇 가지라도 같이 고민해 보고 조금이라도 어떻게 바라보아야 할까를 논의하는 글들입니다. 그래서 성경구절을 내가 원하고 싶은 대로 사용해서 내가 하는 행동을 무조건 정당화하는 것이 아니라 성경이 이야기하는 "성숙"을 이루기 위하여 어떤 균형이 우리에게 필요한가를 고민하는 훈련의 장이 되었으면 좋겠습니다.

이러한 생각들을 하기까지 많은 교회와 많은 기독교인들의 모임, 선교단체 등에서 사람들과 부대끼며 방황하며 오랜 세월을 지내면서 정리가 되고 답을 찾고 한 내용들을 같이 나누어 보고자 합니다.

제가 20대에 기독교 신앙의 토대를 만들어 준 이화여자대학교 다락방 전도협회와 미국에서 다녔던 두 개의 교회, 또 20년간 성경과 삶을 배우고 사역해 왔던 선교단체인 Bee Korea, 그리고 신앙의 여정을 같이 가고 있는 서울성결교회 성도들, 이 모든 사람들이 저에게 균형을 끊임없이 생각해 보게, 저에게 때로는 사랑을 때로는 도전을 주었던 많은 동역자들입니다.

그리고 제가 다녔던 많은 한국 내 글로벌 기업들이, 한편으로는 기독교 신앙과는 전혀 관계없는 듯이 보였지만, 그 안에서 "균형"에 대하여 많은 것을 느끼고 배울 수 있었던 훈련의 장이었습니다.

무엇보다 저도 균형을 잡지 못하고, 왼쪽으로 쓰러지고 오른쪽으로 쓰러질 때 사랑으로 저를 넘어지지 않게 붙들어 준 아내와 딸에게 감사를 표합니다.

좌로나 우로 치우치지 않으시는 하나님께서 왼쪽으로 넘어질 때도 의로운 손으로 잡아 주시고 오른쪽으로 넘어질 때도 친히 부축해 주실 것을 믿습니다.

2020년 10월 10일

강문종

목 차

- **추천사**_ 분당우리교회 **이찬수** 목사 … 5
- **머리말** … 6

PART 1 균형의 개념

- '워라밸'이라는 개념의 유행 … 16
- 하나가 늘고 하나가 줄어드는 것이 아니라 결국은 두 가지 다 개선한다는 사고 … 19
- 기독교 신앙 안에서의 균형 … 20
- 우리는 왜 기독교 신앙 안에서 '균형'을 잘못 이해하고 있는가? … 23
- 균형은 사람마다 같지 않고 장기적으로 보아야 … 26
- 균형을 잃어버릴 때 우리에게 어떤 일이 일어날까? … 28
- 균형은 우리의 육체에도 중요하다 … 31

PART 2 삶과 신앙에서의 균형

- 믿음, 소망, 사랑 … 35
- 사랑과 공의 … 44
- 사람 중심, 사역 중심 … 51
- 구제와 복음 … 56
- 가정과 교회 … 63
- 세상에서의 성공과 그리스도인 … 69
- 삶과 전도 … 75
- 해야 할 것과 하지 말아야 할 것 … 77
- 믿음의 겉과 안 … 81
- 두 가지 원리 … 91

PART 3 리더십의 균형

- 지도자 … 105
- 리더의 비전과 구성원의 공감 … 108
- 리더와 구성원의 관계 형성 … 111
- 리더십 간의 균형 … 119

PART 4  맺는 말 … 123

PART 1

균형의 개념

The Balance

'워라밸'이라는 개념의 유행

우리 모두 '균형'이라는 단어를 알지만, 가만히 보면 우리는 매일 이 단어를 그리 많이 쓰지 않는다는 생각이 듭니다. 오늘 하루 이 단어를 쓴 적이 있었는지 곰곰이 생각해 보았는데, 한 번도 쓰지 않은 것 같습니다. 혹시 교회에서는 이 단어를 최근에 써 보았는지 생각해 보았더니 역시 쓴 기억이 나지 않습니다.

학교에서나, 직장에서나, 교회에서나 국가적으로 '균형'이라는 개념이 중요했던가 생각해 보면 별로 그렇지 않았던 것 같습니다. 굳이 생각해 보자면 체육시간에 균형을 잘 잡으라는 정도의 말을 들은 기억이 납니다.

그런데 얼마 전부터 우리나라에서 '워라밸'(Work-Life Balance)이라는 말이 유행하기 시작했습니다. 비록 영어로 쓰여진 말을 줄여서 이루어진 단어이기는 하지만 회사와 개인의 생활을 조화시키려는 노력이 우리 사회에서 유행이 되고 따라서 이 단어가 많이 쓰이기 시작했습니다.

사실 개인들은 예전부터 이것을 원했습니다. 그러나 이것을 주장할 수가 없었습니다. 왜냐하면 회사는 원하지 않았기 때문입니다. 개인은 회사에서 좀 더 적게 일하고 자신의 삶을 가정에서 가족과, 또 취미활동에, 자신의 삶을 풍성하게 하는 곳에 쓰고 싶었지만, 회사는 개인이 좀 더 시간을 희생해서 회사를 위해서 일하기를 원했던 것입니다. 그래서 한국 사회에서는 수십 년 동안 회사는 원하지 않았고 개인은 원하지만 이야기할 수 없는 그러한 '개념'으로 남아 있었습니다.

그런데 왜 갑자기 이 단어가 한국 사회에서 유명해지고 실제로 기업들이 오히려 더 적극적으로 개인의 삶에 관심을 가지고 이것을 만들어나가게 되었을까요?

거기에는 큰 시각의 변화가 있었기 때문입니다.

과거에 기업은 개인이 시간적으로 많이 희생해서 회사의 일을 해야만 회사에게 이익이 돌아온다고 믿었습니다. 그러나 지금은 개인에게 '균형'을 돌려 주면, 그래서 개인이 좀 더 많은 시간을 가족과 취미와 자신의 삶을 풍성하게 하는 일에 사용하면 그 개인이 더 행복해지고 기쁨이 넘쳐서 오히려 더 남는 시간을 기업을 위해서 생산성 있게 효율적으로 일한다고 믿기 시작한 것입니다.

그러한 시각의 변화가, 실제로 적용을 해 보니, 개인들의 기업에 대한 만족도도 높였고 생산성이 더 증가하는 것을 깨닫기 시작한 것입니다.

그래서 우리 사회에서 수십 년간 적용하기 꺼려했던 워라밸이 갑자기 기업의 중요한 인사정책으로 등장하게 되었습니다. 최근 10년간 우리나라 기업들에서는 인사정책에 많은 변화가 있었고 그 핵심 단어는 '워라밸'이었습니다.

하나가 늘고 하나가 줄어드는 것이 아니라 결국은 두 가지 다 개선한다는 사고

결국은 우리 시각의 변화는 이것입니다.

과거에는 A라는 영역에서 10을 빼서 B라는 영역에 10을 넣어주면 전체 합계는 같지만, 한쪽은 이익을 보고 한쪽은 손해를 본다는 개념이었습니다. 그러나 지금은 한쪽에서 10을 빼서 다른 한쪽으로 넣는 이 행동이 결국은 당장 B 영역을 향상시키고 A 영역은 악화를 시키는 것처럼 보이지만, 장기적으로 보면 새로 잡힌 이 '균형'이 양쪽 영역을 다 건강하게 성장시킨다는 것입니다.

기독교 신앙 안에서의 균형

저는 오랫동안 기독교 신앙 안에서 그리고 성경 안에서 '균형'이라는 것이 얼마나 중요한가 관심을 가지고 생각을 했습니다. 교회에서도, 우리의 믿음에서도 '균형'이라는 사고는 가끔은 들어 보았으나, 그렇게 많이 듣지는 못했다는 생각이 듭니다.

물론 성경에는 균형이라는 단어가 없습니다. 그렇다면 균형이라는 단어가 없다는 것이 성경에서 균형을 이야기하지 않는다는 뜻인가요? 그렇지 않습니다. 성경에는 삼위일체라는 단어가 없지만, 성경은 많은 곳에서 삼위일체에 관하여 이야기하고 있습니다.

2천 년 동안 많은 신학자들이 삼위일체를 연구했고, 지금은 이단을 제외하고 우리 기독교인들이 삼위일체를 믿고 또 그것이 우리의 믿음에 중요한 기초가 되고 있습니다.

저는 성경에 균형이라는 단어가 없다 하더라도, 또 그동안 교회에서 많이 이야기하지 않았더라도 '균형'은 우리가 믿음을 건강하게 유지하고 발전시키는 데 매우 중요한 요소라는 생각이 듭니다.

워라밸에서와 마찬가지로 우리는 오랜 세월 동안 '가정을 사랑하는 것'과 '교회를 사랑하는 것' 사이에 균형을 잘 유지하지 못했었습니다. 특히 우리 한국교회는 서양에 비하여 교회에 헌신하는 것을 중요하게 여겨서 잘 믿는 사람들은 가정을 쉽게 희생하게 되었습니다.

목회자들에게는 이것이 너무나 쉽게 요구되었고, 많은 평신도에게도 가정을 희생하는 것을 하나님에 대한 가장 귀중한 헌신으로 여겨졌습니다. 그래서 많은 목회자와 평신도들의 가정에서는 자녀들이 때로는 배우자까지도 삶의 행복을 느끼기 어렵고 가장인 목회자나 평신도들에 대한 미움과 분노까지 생기는 것을 보았습니다.

이러한 헌신에는 물론 다른 모든 영역과 마찬가지로 특정 성경 구절에 근거해서 더욱 강하게 믿는 경우들이 있습니다. "네가 차든지 뜨겁든지 하기를 원하노라"라는 요한계시록 3장 15절의 말씀에 따라 많은 기독교인들이 이왕 신앙생활을 하려면 뜨거워져야 하기 때문에 다른 것들은 모두 포기하고 교회 생활에 올인(all in)을 하는 것입니다.

또 우리는 누가복음의 성경 구절을 인용합니다.

📖 누가복음 14:26
무릇 내게 오는 자가 자기 부모와 처자와 형제와 자매와 더욱이 자기 목숨까지 미워하지 아니하면 능히 내 제자가 되지 못하고

그리하여 "내가 가족을 많이 희생하면 할수록 하나님께서는 나의 희생을 더욱 귀하게 보실 것이고 내가 하나님 나라에 가서는 더욱 귀함을 많이 받을 것이다"라고 믿는지 모릅니다.

물론 여기에는 우리가 성경을 이해하는 방법과도 밀접한 관련이 있습니다. 우리가 성경을 읽을 때, 전체적으로 읽지 않고 내가 원하는 구절을 편협하게 이해해서 적용하는 것입니다.

성경의 저자들은 어떤 특수한 상황에서 이야기한 것을, 그래서 어떤 성경 구절들은 서로 상반되는 것같이 보여도 우리는 이것을 '언제나', '어느 때나' 적용을 하는 것입니다.

우리는 왜 기독교 신앙에서 '균형'을 잘못 이해하고 있는가?

첫째로는 위에서 언급한 바와 같이 우리가 성경을 읽을 때, 성경의 저자가 언제 어느 때나 우리에게 주신 말씀도 있지만, 특정한 상황과 특정한 때에 말씀하신 것도 있다는 것을 깨달을 필요가 있습니다. 그래서 서로 상반되는 듯한 많은 성경 말씀을 올바르게 이해하고, 올바르게 적용하는 것이 필요합니다.

둘째로는 우리는 균형이 좋은 것과 나쁜 것 사이의 문제라고 잘못 생각할 때가 있습니다. 그래서 신앙이 너무 뜨거워지려고 하면, 또 내가 모든 죄를 회개하고 싶어지면, 잠시 멈추고 "너무 신앙이 좋아지는 것이 맞지 않아, 내 죄도 적당히 회개해야지"라고 잘못 생각할 수가 있습니다.

그렇지 않습니다. 거룩하게 살까, 죄를 짓고 살까, 이 사이에서 적당하게 죄를 짓는 것이 균형이 아니라는 이야기입니다. 우리는 하나님을 뜨겁게 사랑해야 하고, 죄는 철저하게 회개해야 합니다.

균형은 좋은 것과 나쁜 것 사이가 아니라 '좋은 것'과 '좋은 것' 사이의 균형을 이야기합니다. 하나님이 우리에게 주신 두 개의 처소, 가족과 교회, 가족을 사랑하는 것과 교회를 사랑하는 것 사이의 균형을 말하는 것입니다.

그래서 "차갑든지 뜨겁든지 하기를 원하노라"라는 말

씀이 내가 모든 것을 희생하고 교회를 사랑하라는 말씀이 아닌 것입니다.

셋째로는 워라밸에서와 같이 내가 교회를 사랑하는 것에서 10을 빼서 가족을 사랑하는 것에 10을 넣는다면, 그 결과가 교회는 손해를 보고, 가족에게 이익이 돌아가는 개념이 아닙니다.

내가 가족을 올바르게 섬기지 못하다가 더 시간과 관심을 쏟으면서 내 가족의 행복이 증가하고 내가 가족과의 관계가 좋아지면서 나도 더 행복하게 되고, 그래서 교회에서 더 능률적으로 봉사하게 되고, 이렇게 양쪽 모두에게 이익이 돌아가는 것입니다.

우리가 교회 일을 할 때, 언제나 하나님의 뜻 안에서 열심히 일하는 것 같지만, 사실 그렇지 않습니다. 어떤 때에는 내 욕심으로 열심히 일할 때도 있습니다. 어떤 때에는 다른 사람이 일하고 싶은데 내가 지나치게 일해서 그들이 못하는 경우도 있습니다. 어떤 때에는 내가 가정에서 행복하지 못하여 교회에서 짜증을 내면서 일할 때도 있습니다.

균형을 이루면 한 곳이 이익을 보고 한 곳이 손해를 보는 것이 아닙니다. 양쪽이 다 건강하게 성장하는 것입니다. 열심히 일하는 것만이 교회를 위하는 것이 아닙니다. 하나님이 필요로 하시는 만큼 일하는 것이 "열심히 일하는 것"입니다.

다른 사람에게 적절히 권한을 위임하는 것이 "다른 사람을 살리는 것"입니다. 내가 스트레스 받으며 열심히 일하는 것이 아니라 기쁨으로 일하는 것이 함께 일하는 모든 사람에게 기쁨이요 행복이 됩니다.

그런데 한 가지 조심할 것이 있습니다.

균형은 사람마다 같지 않고 장기적으로 보아야

사람마다 주어진 환경이 다르고, 그러니 균형이 모두 같지는 않습니다. 대형교회 목회자와 작은 교회 목회자,

또 전임 사역자와 직장을 다니는 성도, 또 가정의 여러 상황에 따라서 모든 사람의 균형 요소는 다 다를 수 있습니다. 따라서 쉽게 "저 사람은 균형을 잃었다"고 판단하는 것은 조심해야 합니다.

또 하나는, 균형은 장기적으로 지켜야 하는 것입니다. 단기적으로까지 균형을 유지하는 것은 가능하지도 않고 바람직하지도 않습니다.

우리가 한 설교자의 설교 한 편을 검토하면서 그 설교가 균형을 잃었다고 하는 것은 공평하지 못합니다. 설교 한 편에서는 어느 주제에 집중하다가 한쪽으로 치우칠 수 있습니다. 그러나 그 주제가 성경에서 하고자 하는 의도의 주제라면 결코 잘못되지 않은 것입니다.

그러나 어느 설교자가 1년 내내 한 주제만 가지고 설교를 계속한다면, 그는 균형을 잃었을 수 있습니다. 1년 전체로는 균형 있는 설교를 해야 많은 성도들의 신앙에 균형이 자리잡을 수 있습니다.

우리의 기도도 마찬가지입니다. 우리가 재정적으로 어려움에 처할 수 있고, 그래서 재정 문제를 놓고 하나님께 열심히 기도하고 때로는 금식도 할 수 있습니다. 그러나 우리가 3년이고 4년이고 다른 기도를 안 하고 이 기도만 계속한다면, 이 사람의 신앙은 균형을 유지하기 힘듭니다.

따라서 '균형'이라는 말은 장기적으로 보면서 유지해야 하는 '단어'입니다.

균형을 잃어버릴 때 우리에게 어떤 일이 일어날까?

제가 한꺼번에 여러 물건을 손에 들고 지하철을 타느라 교통카드를 꺼내려고 하면 반드시 하나의 물건을 떨어뜨립니다. 손에 든 여러 가지 중에서 핸드폰을 제외하고는 사실 땅에 떨어져도 문제가 없는데 이상하게도 제가 그동안 떨어뜨린 것은 100% 예외 없이 핸드폰이었습니다.

그래서 제 손에 서너 개의 물건을 들고 있다가 지하철을 타야 할 때에는 반드시 중요한 것은 가방에 넣거나 최소한 주머니에 넣어야 안전한데, 잠시 무시하고 지하철 교통카드를 꺼내다가 결국은 하나를 떨어뜨립니다. 그런데 그것은 항상 떨어지면 안 되는 핸드폰입니다. 종이나 책, 튼튼한 물건, 이런 것들은 항상 손에 꽉 붙들고 있고, 떨어지면 깨지는 핸드폰이 떨어지는 것입니다.

우리는 신앙에서 내가 생각하는 중요한 것만 붙들면 된다고 생각하지만, 나중에 보면 내가 떨어뜨리는 것이 정말로 떨어뜨리면 안 되는 귀중한 것일 경우가 많습니다.

교회 일에 너무 열심을 내다가 종종 가정을 소홀히 할 때가 있는데, 이것은 내가 소홀히 하면 안 되는 소중한 것입니다. 물론 일시적으로 그럴 때가 있습니다. 또 시간적으로는 그럴 수밖에 없는 경우도 있습니다. 그러나 그 관심과 사랑은 절대로 포기하면 안 되는 것입니다.

이단의 경우, 죽음 너머의 소망을 너무 깊게 붙들어서 때로는 그들의 믿음이 부러울 때도 있는데, 그들은 이 세상에서의 삶을 너무나 소홀히 여기고 때로는 가족들도 희생시킵니다. 10년 동안 이단에서 지내다가 나온 사람들을 보면 인생의 가장 중요한 시기에 올바른 신앙으로 곧게 살지 못하고, 또 사랑해야 할 가족들을 사랑하지 못하고 허송세월한 것입니다.

물론 목회자도 교회를 개척한다든지 어떤 특정 기간에는 가족을 소홀히 할 수 있습니다. 그러나 교회가 안정된 이후까지, 또 다른 사람들이 열심히 일할 수 있을 때까지도, 계속 가족에 대한 사랑을 희생하고 교회만을 위해서 일한다면, 그 목회자의 가족은 평생 그 아버지를, 그 남편을 원망하며 살게 되고, 그 아버지에게 태어난 것을 후회하며 살지도 모릅니다. 실제로 그러한 자녀들이 원망하는 글들을 신문이나 책을 통해서 많이 읽어 보았습니다.

그런데 이 변화는 목회자 혼자서는 이룰 수 없습니다. 성도도 시각이 변해야 같이 변할 수 있습니다.

성도들이 목회자의 가정이 아무 행복도 가지면 안 되고, 교회를 위해서 헌신만 해야 한다고 믿는다면 우리나라의 목회자들은 설 곳이 없을 것입니다.

모든 성도가 목회자의 가정도 자신의 가정과 똑같이

귀중하고, 그들도 가족 간에 즐거운 시간을 가져야 하고, 그들도 가끔은 취미생활도 누려야 한다는 것을 받아들여야만 이 모든 것이 가능할 것입니다.

우리가 균형을 유지해야 하는 이유는 내 인생에 '떨어뜨리면 안 되는 귀중한 것들'을 놓치고 아파하고 후회하는 인생을 살지 않기 위해서, 하나님이 나에게 맡겨 주신 귀중하고 약한 것들을 잘 지키는 것이 매우 중요하기 때문입니다.

균형은 우리의 육체에도 중요하다

저는 그동안 일정 기간 몸무게를 많이 줄인 사람들의 경험을 텔레비전이나 인터넷 또는 직접 들은 경우가 많이 있습니다. 가끔 어떤 사람들은 운동은 전혀 안 하고 100% 식단 조절로 몸무게를 줄인 사람도 보았습니다. 또는 반대로 식사는 계속 하고 싶은 대로 하면서 100% 운동으로만 몸무게를 줄인 사람들도 보았습니다.

그러나 대부분의 경우는 이 두 가지를 병행해서 조절한 사람들이 많습니다. 가끔은 어느 한 가지로 성공하는 사람들도 있지만, 많은 경우는 또 장기적으로 성공하려면 이 두 가지를 적절히 병행하는 것이 좋은 것 같습니다.

한 가지만 고집하면 단기적으로 성공하나 장기적으로 실패하는 경우가 많고, 또한 두 가지를 병행함으로써 얻는 다양한 유익을 얻지 못하는 경우도 있습니다.

육체의 건강이야말로, 균형이 얼마나 중요하지 잘 보여주는 영역입니다. 일반인들 또는 연예인들이 체중을 감소시키려고 뼈를 깎는 노력을 한 후에 그 결과가 좋게 나오는 것을 보면, 본인들도 감격의 눈물을 흘리고 보는 사람들도 감동하게 됩니다.

육체를 위한 이러한 단련과 노력이 이러한 감동을 가져온다면, 우리의 영혼과 신앙생활에 이러한 노력을 기울인다면 얼마나 더 큰 감동이 올까 생각해 봅니다.

PART 2

삶과 신앙에서의 균형

저는 이 책에서 제가 살아오면서 경험했던 균형을 지키는 것이 필요하다고 여겼던 몇 가지 영역을 같이 나누어 보고자 합니다.

신앙의 모든 영역에 대하여 균형을 이야기하는 것은 제 능력 밖의 일일 것입니다. 제가 살아오면서 신앙에서 이러한 균형이 필요하구나 느낀 것들을 가끔씩 적어 놓았던 내용입니다.

신앙인은 모두 살아가면서, 또 성경을 읽어 가면서 균형을 이루려는 노력을 계속하는 것이 필요하다고 생각됩니다.

믿음, 소망, 사랑

우리는 예수님을 믿는 순간부터 이 세상을 떠날 때까지 지니고 있어야 할 세 가지를 성경에서 발견합니다. 고린도전서 13장은 이것을 믿음, 소망, 사랑 세 가지라고 이야기합니다.

성경에는 너무나 많은 곳에서 믿음에 대하여 이야기하고 있고, 또 소망에 대하여, 또 사랑에 대하여 언급하고 있습니다. 하나님께서는 아마도 이 세 가지를 우리가 간직하기를 바라실 것이며 동시에 이 세 가지를 사람들에게 나타내기를 원하신다고 믿습니다.

믿음, 소망, 사랑은 하나하나 보아도 완전한 개념이고 여기에서는 어느 것 하나 결점이 발견될 수 없습니다. 그리고 또 이 세 가지는 서로 연결되어 있기도 합니다.

세상 사람들이 실직하고 사업에 실패하고 그래서 실망과 증오 가운데 살아갈 때에, 믿는 사람이 그 가운데 하나님께 감사하며, 앞으로의 길을 하나님이 인도하여 주신다고 믿는 모습을 보면 얼마나 많은 사람들에게 감동을 줄까요?

세상 사람들이 암에 걸려 낙망하고 죽음을 두려워하고 있을 때에, 믿는 사람이 하늘나라의 소망을 가지고 이 세상에서 남아 있는 삶을 감사하며 보낸다면 이 또한 얼마나 많은 사람이 부러워할까요?

세상 사람들이 조그만한 일에 남을 미워하고 이기적으로 살 때에, 믿는 사람이 작은 사랑을 이웃에게 베풀고 자기에게 손해를 끼친 사람을 용서한다면 이 또한 아무리 강해 보이는 사람에게도 따뜻한 사랑의 감동으로 다가올 것입니다.

이렇게 믿음, 소망, 사랑은 우리가 속에 지니고, 또 자연스럽게 밖으로 나타나면 세상 사람에게 감동을 줄 수 있습니다.

그러나 인간인 성도가 하나하나 세상에서 추구하다 보면, 어느 하나를 추구하다가 다른 것을 놓치는 경우가 많이 있습니다.

저는 교회에서 믿음이 강한 사람 중에서 사랑이 모자라는 성도들을 많이 보았고 또 그러한 이야기를 많이 들었습니다. 성경도 많이 알고 기도도 오랜 시간 하는 분들 중에서 왜 사랑의 마음이 부족할까 의아하게 생각되는 분들이 꽤 많이 있습니다.

물론 중요하고 쉽게 포기하면 안 되는 원칙에 있어서 철저하게 지키는 것은 이해가 가지만, 매우 작은 일들까지 다른 사람을 용납하지 못하는 사람들이 있습니다. 그런가 하면 반대로 사람들을 이해해 주고 아껴주고 하는 마음이 풍부한데 하나님을 믿는 믿음이 약해 보이는 분들도 존재합니다.

저는 처음 교회에 나올 때에는 믿음과 사랑은 같이

자라나는 것이라고 가정했었습니다. 그래서 교회에 오래 나온 사람은 믿음도 굳건해져서 하나님만 굳게 믿고 살아가고, 동시에 다른 사람을 사랑해 주고 희생하는 것도 동시에 증가한다고 믿었습니다. 그러나 교회에서 오랜 세월을 보내면서, 꼭 그렇지만은 않다는 것을 알게 되었습니다.

물론 이 두 가지를 고르고 균형 있게 가지고 있는 분들도 있지만, 생각보다 많지는 않았습니다.

그런가 하면, 소망이라는 관점에서도 우리는 양쪽 극단에 쉽게 빠지는 성도들을 많이 보아 왔습니다. 어떤 성도는 세상에서 너무 성공하고 이 세상에서 사는 것이 너무 보람되어서 이 삶 이후의 천국에 관심을 덜 보이는 성도들도 있습니다. 한편으로 이해가 가기도 합니다.

하나님께서 재물에 대한 기도, 자식에 대한 기도들을 많이 응답해 주셔서 이 세상에서 사는 것이 너무 행복한 것입니다. 그러다 보면 우리가 이 세상이 잠시 스쳐 지나가는 나그네 인생이라는 것을 잊게 되는 것입니다.

그런가 하면, 천국에 대한 소망을 너무 강조한 나머지 이 세상에서의 삶을 대단치 않게 여기는 경우도 있습니다. 이 세상을 살면서도 하나님께서 우리에게 맡기신 사명이 있는데, 이것은 소홀히 하면서 오직 죽음 이후의 하늘나라 소망에만 과도하게 집착하는 경우입니다.

대부분의 이단들은 이 후자의 경우에 속합니다.

과연 천국에 대한 소망도 간직하면서 동시에 이 세상에서도 열심히 살아갈 수는 없을까?

이러한 삶은 불가능한 것일까?

그런데 사도 바울을 보면, 믿음에 올바르게 서서 올바른 믿음을 가르치면서도 살아갈수록 사랑이 넘치는 사도임을 보게 됩니다. 그는 로마서 9장 3절에서 "나의 형제 곧 골육의 친척을 위하여 내 자신이 저주를 받아 그리스도에게서 끊어질지라도 원하는 바로라"는 말을 합니다.

그가 평생 예수님을 알고부터 가져온 그 귀중한 믿음, 올바른 믿음을 지키기 위하여 유대주의자들과 논쟁하고 때로는 베드로와도 대면하여 책망하면서 지켜온 그의 믿음을 포기할 정도로 그는 이스라엘 사람들을 사랑하고 있습니다. 물론 그가 믿음을 포기하는 것은 있을 수 없고 그래서도 안 되지만, 그는 그 정도로 자신의 민족을 사랑한다는 것을 표현합니다.

우리는 어떻습니까? 우리는 옆에 있는 형제 자매를 위해 너무 쉽게 믿음과 사랑 둘 중에 하나를 포기해 왔습니다. 사도 바울과 같이 이 두 가지를 같이 가져가려는 노력이 많지 않았습니다.

또한 소망에 있어서도 마찬가지입니다. 많은 사람들이 우스갯소리로 아무리 훌륭한 믿음을 가진 사람도 하나님께로 지금 가는 것보다는 더 오래 살기를 원한다는 이야기를 합니다.

그러나 사도 바울은 빌립보서에서 다음과 같은 이야기를 합니다.

📖 빌립보서 1:21-24

이는 내게 사는 것이 그리스도니 죽는 것도 유익함이라 그러나 만일 육신으로 사는 이것이 내 일의 열매일진대 무엇을 택해야 할 는지 나는 알지 못하노라 내가 그 둘 사이에 끼었으니 차라리 세 상을 떠나서 그리스도와 함께 있는 것이 훨씬 더 좋은 일이라 그 렇게 하고 싶으나 내가 육신으로 있는 것이 너희를 위하여 더 유 익하리라

"차라리 세상을 떠나서 그리스도와 함께 있는 것이 훨씬 더 좋은 일이라." 이 말은 이 세상의 어느 성도보다 도 확실하게 하늘나라에 대한 소망을 가지고 지금 하나 님께 가도 좋다는 믿음을 가지고 있음을 보여줍니다.

그러나 사도 바울이 이 세상을 소홀히 여겼나요? 사 도 바울처럼 믿고 나서 죽을 때까지 그렇게 열심히 산 사람은 없을 것입니다. 사도 바울이 걸어서 여행을 한 거리가 1만 7천 킬로미터라고 합니다. 지금과 같이 비행 기와 자동차가 없던 시대에 그는 평생을 걸으며 전 인생 을 바친 것입니다.

그는 하나님과 만나는 것이 더 좋은 일이라는 천국의 소망도 가졌으면서 매일매일의 삶을 누구보다 열심히 산

사람입니다.

제가 사람들과 여행지에서 어떤 렌트카를 고르는가에 대하여 이야기한 적이 있었습니다. 가만히 보니 두 부류의 사람들이 있었습니다. 어떤 사람들은 여행은 잠깐 다니는 것이니 굳이 좋은 차를 타고 다닐 필요가 없어, 집에서 타던 차보다 더 작고 저렴한 차를 렌트해서 여행을 합니다.

또 한 부류의 사람들은 여행은 잠깐 가는 것이니, 이왕이면 좋고 비싼 차를 렌트해서 여행을 다닙니다. 똑같이 여행은 잠시 하는 것이라고 믿고 있는데 행동은 정반대로 이루어지는 것을 봅니다.

우리가 이 세상에서 사는 것이 잠깐인데, 많은 사람들이 행동은 다르게 합니다. 어떤 사람은 이 세상에서 잠깐 사는데, 뭐 그리 골치 아프게 사느냐 최대한 즐기며 즐겁게 살려는 사람이 있습니다. 또 다른 사람들은 이 세상에서 사는 삶이 잠깐인데, 너무 세상의 즐거움에 목매달지 않고, 죽음 이후의 세계에서 값진 그런 일을 하려고 하는 사람도 있습니다.

우리가 간직한 소망이 오늘 행동을 결정한다고 믿어집니다.

우리는 믿음과 사랑을 같이 가져야 합니다. 우리는 자신의 믿음이 강한 것으로 인하여, 사람을 바라보지 않고 하나님만을 바라본다고 믿고 다른 사람을 사랑하고 이해하는 데에는 인색하면 안 됩니다.

반대로 사람을 이해하고 도와주고 사랑하는 데는 많은 헌신을 하지만, 하나님을 믿는 믿음이 공고하지 못하는 것 또한 안 됩니다.

소망도 마찬가지의 균형을 필요로 합니다. 이 세상에서 열심히 살아야 하지만, 천국의 소망을 잊는 데까지 가서는 안 됩니다. 반대로 천국의 소망에만 관심을 가지다가 이 세상에서 최선을 다하지 못해도 안 됩니다.

우리는 하나님이 주신 믿음, 소망, 사랑을 힘껏 간직하되, 어느 한 가지가 찌그러지지는 않는지 하나님의 시선으로 자신을 점검해야 할 것입니다.

사랑과 공의

 사랑과 공의, 이 두 단어는 우리가 그리스도인이 되기 위하여 올바르게 이해해야 하는 개념입니다. 이 반대되는 두 개의 단어가 십자가에서 동시에 이루어졌다는 이 놀라운 진리를 어떤 사람은 빠르게 이해하지만, 어떤 사람들에게는 이해하는 데 오랜 시간이 걸립니다. 예수님의 사랑을 진심으로 느끼고 받아들일 때 이 두 개념이 동시에 십자가에서 이루어졌다는 것을 깨닫게 됩니다.

 하나님께서는 이 공의와 사랑을 각각 완전하게 이루실 수 있지만, 인간에게는 이 두 가지 개념이 충돌을 일으킵니다. 특별히 이 두 가지가 충돌을 일으킬 때는 이때입니다. 그리스도인들이 형제 자매의 잘못된 행동을 어떻게 바라보고, 어떻게 대해야 하는지 결정할 때 많이 일어납니다.

 한 사람이 공동체 안에서 잘못을 저질렀는데, 이 사람을 어떻게 훈계해야 하는지 때로는 어떻게 징계해야 하는지의 문제에 봉착했을 때, 교회 지도자들 가운데에도 서로 다른 견해를 보일 때가 많이 있습니다.

그리스도인 중에는 의가 매우 강한 사람들이 있어 이들은 가정 또는 교회에서 그리스도인으로서 올바르게 행동하지 못하는 사람들을 강하게 비판하고 야단치고 때로는 징계도 합니다. 이러한 결정이 공의라는 관점에서 올바르다고 생각되지만, 다르게 생각하는 사람들은 우리가 마땅히 불쌍한 양을 품어야 하는데 품지 못하고 오히려 울타리에서 쫓아낸다고 생각하게 됩니다.

반대로 어떤 사람들은 잘못을 저지른 사람들을 사랑으로 품어야 한다고 주장하는데, 이렇게 하다 보면 교회가 옳고 그른 것은 정확히 지적하지 못하고 이 사람을 용서하게 될 수가 있습니다.

그들은 모든 일을 그냥 하나님의 은혜로 넘어가기를 원합니다. 하나님이 알아서 이 사람을 처리해 주실 것이니, 우리는 뒤에서 기도만 하는 것으로 결론을 내리기도 합니다. 인간으로서는 이 두 가지 사이에서 올바르게 행동하는 것이 참으로 쉽지 않음을 발견합니다.

세상에서 이 두 가지의 균형을 가장 잘 보여주는 모델은 부모와 자식입니다. 물론 비정상적인 부모도 많아서 부모가 자식을 버리고 학대하는 사람들이 있기는 합니다.

정상적인 부모도 때로는 감정적으로 자녀를 대해서 때릴 때가 있습니다. 그러나 대부분의 보통 부모는 마음속에 사랑과 공의가 이미 존재하고 있음을 깨닫습니다.

세상의 다른 관계는 내가 정말 이 사람을 사랑하기 때문에 훈계하고 싶은 것인지 아니면 내가 이 사람을 미워하고 화가 나서 훈계하고 싶은 것인지 잘 모를 때가 있습니다. 또 내가 이 사람을 무조건 용서하고 싶은 이유가 내가 이 사람을 정말 사랑해서 그런 것인지 아니면 모든 것이 귀찮고 문제를 만들기 싫어서 그런 것인지 알기 힘들 때가 있습니다

그러나 정상적인 부모들은 이미 자식을 누구보다 사랑하는 마음이 있습니다. 그러면서도 자기 자식이 옳게 자라기를 바라는 마음도 있습니다. 그래서 자식을 훈계해야 할 때, 때로는 때려야 할 때 마음이 찢어지게 아프

지만, 그래도 자녀의 미래를 위해서 때릴 때가 있습니다.

부모와 자식의 관계가 완벽한 비유는 아니겠지만, 부모는 자식에 대해 본능적으로 공의와 사랑을 동시에 가지는 관계라고 믿어집니다.

성경에서는 다른 사람을 바로잡을 일이 있을 때, 우리가 공의와 사랑을 균형 있게 적용하지 못하기 때문에 몇 가지 원칙을 정해 주었습니다.

> 📖 갈라디아서 6:1
> 형제들아 사람이 만일 무슨 범죄한 일이 드러나거든 신령한 너희는 온유한 심령으로 그러한 자를 바로잡고 너 자신을 살펴보아 너도 시험을 받을까 두려워하라

첫째로는 바로잡을 때에 나 자신을 살펴야 한다고 이야기합니다.

종종 훈계하는 사람이 훈계 받는 사람과 같은 죄를 짓거나 때로, 더 많은 죄를 짓고 있는 경우가 있습니다.

같은 죄를 짓거나 더 많은 죄를 가지고 있는 사람이 다른 사람을 훈계하는 것은 하나님의 공의에 어긋납니다. 우리는 다른 사람의 잘못에 초점을 맞출 때, 먼저 나 자신이 같은 잘못을 저지르고 있지 않는지 살펴보아야 합니다.

둘째로는 바로잡을 때에 온유한 심령으로 해야 합니다.

내가 진정 사랑의 마음으로 그를 훈계하는 것이라면 온유한 심령에서 나오는 방법으로 해야 한다는 것입니다.

회사나 교회에서 일을 하다가 이메일을 화가 난 상태에서 써 놓고 보내려다 말고 하루 이틀을 보낸 적이 있습니다. 대부분의 경우, 제가 이메일을 그대로 보내지 않은 것을 잘했다고 결론 내리게 됩니다. 때로는 너무 흥분해서 필요 이상의 표현으로 상대방도 자극하고 오히려 상대방이 자신의 잘못을 인정하기는커녕 더욱 자신을 방어하게 만드는 것입니다. 하루 이틀 지난 후 다시 같은 내용이지만, 사랑의 마음을 담아 내용을 수정하여

메일을 보내면 훨씬 좋은 결과를 가져오는 것을 여러 번 경험했습니다.

저는 하나님의 의를 이루기 위하여 훈계를 해야 한다고 굳게 믿고 있을 어떤 때에는, 나 자신도 분노로 인하여 화풀이를 하고 있음을 깨닫지 못할 때가 있습니다. 오히려 옆에 있는 사람에게는 보이는데 말입니다.

그래서 우리가 사랑과 공의의 균형을 이루는 단계 중 하나는 나 자신이 같은 죄를 짓고 있지는 않은지 살펴보아야 하고, 또 내 분에 못 이겨 야단치는 것이 아니라 온유한 심령으로 하라는 성경 말씀을 지키며 해야 하는 것입니다.

또한 마태복음 18장 15-17절에서 이렇게 단계를 거치라고 이야기합니다.

처음에는 그 잘못을 저지른 사람만 단독으로 만나고, 그리고 안 되면 두세 사람을 데리고 가고, 그 이후 교회에 이야기하라고 합니다. 인간은 본능적으로 이런 단계를 거치지 않고 일을 크게 벌이려는 습성이 있습니다.

그러나 그것은 사랑 안에서의 훈계를 포기하는 것입니다. 그 사람이 적은 범위의 사람들이 관여할 때 스스로의 잘못을 뉘우칠 수 있는 기회를 뺏는 것입니다.

회사에서 두 사람이 수십 명의 사람들을 같이 참조에 넣고 오랜 기간을 메일로 싸우는 것을 목격한 적이 있습니다. 매우 작은 실수에서 비롯된 싸움 같았는데, 수많은 사람들이 참조에 있다 보니 서로 흥분해서 나중에는 매우 큰 일로 번지는 것을 보았습니다.

그래서 작은 실수를 쉽게 인정할 기회를 주는 것이 매우 중요합니다. 이것이 공의와 사랑을 균형 있게 이루는 하나의 방법입니다.

하나님은 사랑과 공의를 십자가에서 이루셨습니다. 그러나 우리는 이것을 적용하는 데 있어 사랑과 공의 둘 중 하나를 쉽게 포기합니다.

그래서 성경에서는 하나를 쉽게 포기하지 말고, 성경에서 말씀하시는 단계를 거치면서 최대한 균형을 이루라고 하십니다. 먼저 나 자신을 돌아보고, 둘째로는 표

현하되 온유하게 하고, 또 처음부터 많은 사람에게 이야기하는 것이 아니라 소수부터 단계를 거치면서 당사자가 쉽게 인정할 수 있는 기회를 주라는 것입니다.

비록 하나님의 완전한 공의와 사랑을 완전하게 실천할 수는 없지만, 이러한 단계들을 거치면서 최대한 잘못을 범한 성도를 사랑으로 보듬으며 올바르게 이끄는 길이 될 것입니다.

사람 중심, 사역 중심

여러 교회와 선교단체에서 많은 리더들과 또 구성원을 보면 두 종류의 사람들이 있습니다. 아무리 하나님의 일이 중요해도 사람의 영혼, 또 사람을 사랑하는 것이 먼저인 사람들이 있습니다. 이러한 사람들은 두 가지 사이에서 갈등의 요소가 생길 때 반드시 사람을 구하는 쪽으로 의사결정을 하는 경향이 있습니다.

반대로 어떤 사람들은 사역 중심입니다. 사람들이 좀

상처를 받더라도, 서로의 신뢰에 금이 가더라도 하나님이 우리에게 주신 지상명령을 해 나가는 것에 우선을 두는 사람들입니다. 물론 이 사람들도 사람에 대한 사랑을 무시하는 것은 아니지만, 하나님의 일을 해 나가다 보면 어쩔 수 없이 겪는 많은 갈등이 있고, 여기에 너무 많이 신경을 쓰다 보면 하나님의 일을 제대로 해낼 수 없다는 믿음이 깔려 있습니다.

여러 리더들이 초기에는 '사람 중심'으로 일을 하다가, 나중에 조직과 사역이 커지면서 '사역 중심'으로 변화해 가는 모습도 많이 보았습니다. 그런가 하면, 오랫동안 사역 중심으로 일하던 리더가 나중에 사람의 중요성을 깨닫고 사역을 줄이더라도 사람을 중시하는 쪽으로 약간 변화되기도 합니다.

그런데 이 두 가지는 우리가 이 세상에서 하나님의 일을 하는 동안 포기할 수 없는 두 개의 공입니다. 어느 하나를 떨어뜨리는 순간 그것이 깨지고 나머지 하나도 잃어버릴지 모르는 위험성이 있는 두 개의 공입니다.

회사에서 일을 하면서 처음에 저는 사람을 중시한다고 생각했습니다. 아무리 회사의 원칙과 규정이 중요해도 사람의 소중함 때문에 규정과 원칙에 예외를 두기도 했습니다. 그러다 보면, 그러한 예외들이 다른 직원들에게 알려져서 여러 사람들이 상처를 받거나 똑같은 것을 요구하기도 합니다.

예를 들어 한 직원의 가정 형편을 이해하고 그 사람만 출근이나 퇴근을 회사 규정대로 하지 않아도 눈감아 줄 수가 있는데, 이것이 너무 오래 계속되다 보면 결국은 이것이 그 사람에 대한 이해와 사랑으로 끝나지 않는 경우가 있습니다.

한 사람의 상황을 이해해 주는 것이 더 많은 사람들에게는 상처로 남을 수도 있습니다. 그래서 회사 생활을 계속하면서 유연하게 사람을 이해해 주는 것과 여러 사람에게 공평해야 하는 것 사이에 조심스러운 균형이 필요하다는 것을 깨닫게 되었습니다.

사도 바울은 여기에 대하여 어떻게 시사하고 있는지

한번 찾아보았습니다. 사도 바울은 유대주의자들이 믿음 위에 다른 것을 추가하는 것을 보면서 이것을 바로잡기 위하여 베드로와도 대면하여 책망했습니다.

📖 **갈라디아서 2:11**
게바가 안디옥에 이르렀을 때에 책망 받을 일이 있기로 내가 그를 대면하여 책망하였노라

사실 베드로는 바울이 쉽게 책망할 사람은 아닙니다. 예수님을 먼저 알았고 예수님과 생활을 같이 하였으며 수제자이기도 합니다.

사람과의 관계라는 면에서 본다면 바울은 베드로와 좋은 관계를 맺어야 앞으로 그의 선교사역이 무리 없이 이루어질 것입니다. 그러나 바울은 지금은 복음을 올바르게 정립하는 것이 중요했기 때문에 자신에게 가장 중요한 관계인 베드로조차도 대면하여 책망하였습니다.

그러면 사도 바울은 사람보다 항상 사역을 중시하였

을까요? 빌레몬서 1장을 보면 바울은 동역자인 빌레몬에게 아마도 도적질하고 도망 나왔을 그의 노예인 오네시모를 받아들이라고 권면합니다. 사도 바울에게 중요한 사람은 빌레몬이지 오네시모가 아닙니다.

그런데 그 바쁜 사역 중에 잘못을 하고 떠난 노예를 받아들이라고 한 장뿐인 성경을 또 한 권 썼다는 사실은 바울이 사역만을 중시한 것이 아니라 사람도 중시했다는 것을 보여줍니다.

교회 생활에서도 사람과 일, 사람과 사역 사이에서 많은 문제들이 발생합니다. 우리는 사도 바울과 같이 어느 한 가지를 쉽게 버려서는 안 됩니다. 적절한 균형을 이루어야 합니다. 왜냐하면 두 가지 다 하나님이 보시기에 중요하기 때문입니다.

따라서 우리는 사역에 열심을 다하다가도 질문을 해 보아야 합니다.

"나는 사람을 사랑하기 위해 사역을 하는가?"

반대로 내가 너무 사람을 사랑하다가 사역이 아무것

도 제대로 되고 있지 않다면, 질문을 해 보아야 합니다.

"내가 사람을 사랑하되, 하나님이 원하시는 올바른 방법으로 사랑하고 있는가?"

구제와 복음

구제와 관련하여 저는 평생 답을 얻지 못하고 있는 질문들이 몇 가지 있습니다. 그중 하나는, 제가 지하철역을 지나면서 엎드려서 구걸을 하고 있는 사람들을 매번 그냥 지나쳐야 하는지, 아니면 매번 돈을 놓아야 하는지, 아니면 가끔씩 돈을 놓아야 하는지, 이런 생각을 한 적이 많이 있었는데 답을 정하지 못하고 살아왔습니다. 아마도 제가 세상을 떠나기 전까지도 여기에 대한 답을 정하지 못할 것 같습니다.

물론 매번 돈을 놓을 수는 없을 것입니다. 그러나 항상 한 번도 돈을 놓지 않는 것에 대하여 저 자신에 대하여 이유를 물어 보게 됩니다. 물론 나름의 답은 준비되어 있습니다. 텔레비전에 가끔 나왔듯이 폭력배가 그 돈을 수금해 갈지도 모른다는 생각이 듭니다.

그렇지는 않더라도 이 사람의 근원적인 문제가 해결 안 되고 언제까지 이렇게 구걸에 유지를 해야 하는 것인가 의문이 들기도 하기 때문입니다.

이렇게 나름대로의 답을 가지고 지나치기도 하지만, 그래도 근본적으로 "나는 기독교인으로서 이 사람들에 대한 긍휼이 전혀 없는가?"라는 질문을 하지 않을 수 없습니다.

이러한 의문들에 대하여 어떤 좋은 결론을 내려주는 사람도 없었고, 저도 결론을 얻지 못했습니다.

그러나 저는 이러한 문제가 아니고, 우리가 복음을 전하는 과정 속에서 생기는 구제의 필요는 기독교인으로서 피할 수 없는 질문이라고 생각됩니다. 지하철이나 우리가 잘 모르는 많은 구제의 필요에 대하여는 그냥 지나칠 수 있지만, 우리가 특정인에게 복음을 전하고 교회에서 같이 삶을 나누는 경우에 구제의 필요가 있다면 우리는 어떻게 행동해야 하는가 하는 문제는 그냥 넘어갈 수 있는 문제가 아니라고 생각됩니다.

성도들 가운데에는 주위의 필요가 있는 사람들을 정말로 잘 돕고 그들을 섬기는 사람들이 있습니다. 많은 시간을 다른 사람의 육체적, 물질적 필요를 잘 돕는데, 복음은 잘 전하지 않는 그러한 사람들이 있습니다. 그런가 하면 반대로 어떤 성도들은 복음은 전하지만, 그들을 물질적으로 돕는 것에는 인색한 사람들도 있습니다.

물론 이 두 가지 다 나름대로 하나님의 사랑을 보여 주기 위해 노력하는 것이라 할 수 있지만, 장기적으로는 오직 복음만 전하거나 오직 구제만 하는 것이 가능한가 생각을 해 봅니다.

우리 이웃에게 또는 선교지에서 오직 그들의 물질적 필요만 채우다 보면 그들이 천국의 소망을 가지기 전에 세상을 떠나기도 하고, 또는 그들 스스로가 물질의 필요만 채운 채 교회를 떠나기도 합니다. 너무 늦기 전에 그들에게 하나님에 대한 믿음을 심어 주어야 하는데 그 시기를 놓치는 것입니다.

반대로 복음만 전하고 절대로 물질적 필요를 바라보지 않으려고 한다면 그들이 우리에게서 하나님의 사랑을 느끼지 못하는데, 복음이 제대로 들어갈까 의문이 듭니다.

저는 예수님이 이 세상에 오셔서 왜 병든 자를 고쳐 주시고 5천 명을 먹이시고 했을까 고민해 보았습니다. 어쩌면 예수님께서는 그의 궁극적인 사역이라는 관점에서 본다면, 우리의 죄와 하늘나라에 대하여 가르치시되, 병든 자가 와도 병을 고치지 말고, 배고픈 자가 와도 먹을 것을 주지 않으셔야 했던 것이 아닌가 생각했습니다. 어차피 병을 고쳐도, 배고픈 자에게 먹을 것을 주어도 일시적인 것이고, 또다시 배고플 수도 있고, 결국은 다른 병으로 세상을 떠날 텐데, 예수님께서는 영원한 것만 전하셨어야 하지 않았나 생각했습니다.

그러나 만일 그랬다면 그들은 예수님이 그들의 병든 아픔을 이해하고 공감하고 그것 때문에 슬퍼하신다는 것을 느끼지 못했을 것입니다. 복음은 복음 혼자 전해지는 것이 아니라 그 복음을 전하는 사람의 사랑의 마음과 함께 전해지는 것이 아닌가 생각했습니다.

마태복음 9장에서 예수님은 중풍병자를 고치시면서 "네 죄 사함을 받았느니라"고 이야기하십니다. 그 시점에서는 "일어나 걸어가라" 하는 말씀을 하시는 것이 가장 적절해 보일 때였습니다. 예수님은 육신의 병인 중풍병을 고치시는 것만이 목적이 아니셨습니다.

그렇다고 이 사람이 자신의 죄만 깨닫고 중풍병은 그대로 가지고 떠나가게 두지 않으셨습니다. 병을 고쳐주시고, 그러면서 동시에 죄인임을 깨닫게 하셨습니다.

가끔씩 교회에 처음 온 새 신자들은 나중에 교회에 대하여 실망하는 경우들이 있습니다. 처음에 교회에 올 때에는 많은 교인들이 정성을 다하고 반가워하고 도와주고 했는데, 일단 정착하고 나니까 관심을 잘 가지지 않고 방치되는 경우들이 있습니다.

물론 교회에서 알맞은 구역을 소개해 주고, 제자훈련에 참여하게 하면서 적절히 그다음 단계에 가서 돌봄을 받는 경우도 있지만, 교회에 따라서는 그것이 잘 이루어지지 않으면서 새 신자는 내가 교회의 신자 수를 늘리는 데 이용당하고 이제는 더 이상 관심에서 벗어났나 하는 생각이 들 때가 있습니다.

신자는 교회의 교인 수를 늘려주거나 헌금을 하는 도구로만 인식되면 안 됩니다. 그들이 잘 성장해서 남을 돕는 사람으로 성숙할 때까지 여러 모임과 교제권으로 정착하도록 교회가 인도해 주어야 합니다.

물질이 필요한 사람들도 비슷한 실망을 합니다. 정말로 하루 먹을 것도 없는 사람이 전도를 받고 교회에 갔는데, 예수님의 사랑에 대하여 끊임없이 이야기하고, 우리도 사랑을 베풀어야 한다고 이야기하는데, 이 하루 먹을 것도 없는 사람이 도움을 못 받을 수 있습니다. 마치 야고보서에 있듯이 스스로 배부르게 하고 스스로 덥게 하라는 이야기만 하는 것입니다.

📖 야고보서 2:15-16

만일 형제나 자매가 헐벗고 일용할 양식이 없는데 너희 중에 누구든지 그에게 이르되 평안히 가라, 덥게 하라, 배부르게 하라 하며 그 몸에 쓸 것을 주지 아니하면 무슨 유익이 있으리요

물론 우리 한 사람 한 사람은 다 상황이 다르기 때문에 일률적으로 판단을 할 수는 없습니다. 다른 사람을 판단할 때는 조심해야 합니다. 그러나 최소한 우리는 복음이 복음 혼자 전해지지 않는다는 것을 충분히 깨닫고 있어야 합니다. 우리가 사랑하는 사람에게 아무리 순수한 사랑의 마음을 전하려고 해도, 꽃이나 선물 없이 전해지기는 참으로 어렵습니다.

몸에 좋은 비타민도 캡슐 안에 있지 않고는 몸에 전달하기 쉽지 않습니다. 우리의 복음이 귀중하지만, 세상에 복음을 마구 뿌린다고 다 열매가 맺히지는 않습니다. 우리의 구체적인 사랑이 함께 전해질 때, 그 복음을 받아들이는 사람은 우리의 사랑 속에서 하나님의 사랑을 보게 됩니다.

가정과 교회

성경에는 가족에 대하여 서로 상반되는 듯한 말씀들이 있습니다. 어떤 구절은 가족을 버리지 아니하면 하나님을 따를 수 없다고 이야기합니다. 다른 구절들은 지도자는 자신의 집을 잘 다스리고 가족을 돌보아야 한다고 이야기합니다.

📖 **누가복음 14:26**
무릇 내게 오는 자가 자기 부모와 처자와 형제와 자매와 더욱이 자기 목숨까지 미워하지 아니하면 능히 내 제자가 되지 못하고

📖 **디모데전서 3:4**
(감독은) 자기 집을 잘 다스려

📖 **디모데전서 5:8**
누구든지 자기 친족 특히 자기 가족을 돌보지 아니하면 믿음을 배반한 자요 불신자보다 더 악한 자니라

하나님이 세우셨다고 우리가 믿는 두 개의 기관이 있습니다. 하나는 가정이고 하나는 교회입니다.

이 둘 사이에 균형을 이루는 것이 쉬워 보이지만, 쉽지 않은 경우들을 많이 봅니다.

한쪽 극단에서는 교회를 자신에게 이익을 줄 때만 사랑하지, 자신이 희생하고 베풀어야 할 곳이라고는 생각지 않는 경우입니다. 그래서 자신의 가족에게 어떤 직책을 꼭 물려주려고 하는 욕심도 생겨납니다. 교회가 가족이라면 서로 배려해야 하는데, 교회 주차장에서 작은 일로 언성을 높입니다. 부서마다 시간과 장소가 한정되어 있는 가운데 서로 장소를 차지하려고 상대방의 부서를 무시하기도 합니다.

또 다른 극단이 있습니다. 교회 사역을 너무 열심히 하는 가운데 하나님이 만드신 또 하나의 공동체인 가정에서 도리를 못하는 것입니다. 물론 사람의 역할이 다 다르기 때문에 모든 사람을 같은 기준으로 평가해서는 안 될 것입니다. 목회자는 평신도보다는 상대적으로 가정에 소홀하고 교회에 더 많은 시간을 쏟을 수밖에 없습니다.

교회에서 사역을 많이 맡은 평신도들도 가정에 많은 시간을 못 쏟을 수 있습니다. 그러나 가끔 유명한 목사님의 자제들이 아버지에 대한 평생의 상처나 분노를 신문이나 책에서 토로하는 것을 몇 번 보았습니다.

목회자나 평신도 지도자는 상대적으로 다른 사람만큼 자녀들과 시간을 보내지 못할 수 있지만, 그 자녀들이 자신의 부모가 자신을 이 세상 무엇보다도 사랑하고 있음을 알고, 또 그 자녀들이 부모님의 인격을 존경할 수 있어야 할 것입니다.

목회자의 자제가 다른 가정보다 아버지와 많은 시간을 보낼 수는 없겠지만, 최소한 두 가지 생각은 가지고 있어야 건강한 가정이 유지될 것입니다.

하나는 목회자인 아버지가 비록 교회 때문에 가정에서 시간은 많이 못 보내지만, 그래도 가족을 뜨겁게 사랑하고 있다는 것입니다. 또 하나는 목회자인 아버지가 아무리 바빠도 교회에서도 가정에서도 똑같이 존경 받기에 충분하다는 믿음입니다. 이 두 가지 중 하나를 믿지 못한다면, 많은 성도들이 존경하고 있는 아버지를 막상 자녀는 존경하지 못하는 것입니다.

그래서 모든 교회의 지도자는 사역지가 교회만이 아니라 가정도 있다는 것을 기억해야 합니다. 내가 목양해야 할 사람들이 교회에도 있지만, 가정에도 있다는 것을 잊지 말아야 합니다.

누가복음을 보면 제자가 되려면 가족을 버려야 한다는 말씀이 나옵니다.

> 📖 누가복음 14:26
> 무릇 내게 오는 자가 자기 부모와 처자와 형제와 자매와 더욱이 자기 목숨까지 미워하지 아니하면 능히 내 제자가 되지 못하고

그러나 이 말씀은 하나님을 가족보다 더 사랑하여야 한다는 말씀이지, 결코 가족을 사랑하지 말아야 한다거나 나아가서 미워해야 한다고 이해하면 안 됩니다.

또 다른 구절들이 있습니다.

📖 **디모데전서 3:4**
(감독은) 자기 집을 잘 다스려

📖 **디모데전서 5:8**
누구든지 자기 친족 특히 자기 가족을 돌보지 아니하면 믿음을 배반한 자요 불신자보다 더 악한 자니라

위의 두 성경 구절들을 종합해서 본다면, 우리는 가족 때문에 하나님을 제대로 섬기지 못해서는 안 되고, 그래서 가족보다 하나님을 더 사랑해야 한다고 이야기 하시면서, 동시에 최선을 다하여 가족을 돌보고 자기 집을 잘 다스려야 한다고 이야기하고 있습니다.

자기 가족을 잘 다스리지 못할 때, 훌륭한 그리스도인이 되지 못한다고 말씀하신 것이 아니라 불신자보다 악하다고 이야기하십니다.

우리 모두의 사역지는 가정과 교회 두 곳입니다. 어느

한 곳에서의 심각한 실패는 필연코 다른 곳에서도 실패를 가져올 확률이 높습니다. 자기 자신을 돌아보아 어느 쪽이 부족한가 생각해보고 부족한 곳을 약간 채우면, 두 곳이 다 건강해지는 것을 경험하게 될 것입니다.

세상에서의 성공과 그리스도인

바깥 세상과 관련하여 우리에게 두 가지 잘못된 편협한 사고가 있습니다.

하나는 청년을 또는 어른까지 포함해서 교회 안에만 가두는 것입니다. 세상에 나가서 적극적으로 활동하기보다는 최대한 시간을 교회 안에서 보내고, 관심의 대부분을 교회 안에서 쏟기를 원하는 것입니다. 다른 하나는 세상에서 성공하는 사람이 훌륭한 신앙인이라는 생각입니다. 모든 일에서 성공해야 그리고 그것을 간증해야 참된 신앙이라는 것입니다.

청년들이 교회에서 오래 생활하다 보면 세상에서 성

공하겠다는 의지를 잃어버리고 청년부에서 재미있게 살며 청년부 안에서의 신앙을 고집하는 경우가 많이 있습니다. 그래서 때로는 사회로 나가는 것이 두려워 자신의 길을 제한하기도 하고, 오히려 어떤 경우는 세상에서 잘나가는 사람들을 비난하기도 합니다.

그러다 보면 교회와 세상은 별개로 존재하게 되고, 사회에 나가서 세상의 빛이 되어야 하는 것을 주저하거나 오히려 올바르지 않은 신앙으로 치부하기도 합니다. 어떤 경우는 거의 일주일을 교회에서 보내다가 대학 공부를 제대로 할 시간을 갖지 못하는 경우도 있습니다.

이렇게 되면 우리나라에서 한때 유행했던 "배워서 남 주자"는 사회에서 해야 할 그리스도인의 역할을 제한하고 오직 교회 안에서의 역할만 감당하게 될 수 있습니다.

사회와 벽을 쌓고 젊은이들을 교회 안에만 가두고 일주일의 대부분을 교회 생활과 교회 봉사로 끝나게 하는 것은 결코 옳지 않습니다. 어떤 때에는 대학 공부가 하기 싫거나 회사 생활에 불만이 많으면 도피처로 교회에서만 생활하는 청년도 있습니다. 그러면 점점 더 학교나 회사는 적응하기 힘들어집니다.

따라서 교회에서의 신앙생활과 학교나 회사에서의 생활, 또 집에서 혼자 하는 신앙생활 모두에 균형이 필요합니다. 이 사이에서의 균형은 우리가 올바르게 신앙생활하는 방편이기도 하지만, 때로는 이것이 내가 올바른 신앙을 가지고 있다는 증거가 되기도 합니다.

젊은 때에는 자기 자신도 왜 교회 일을 열심히 하는지 모를 때가 있습니다. 내가 친구들과 같이 있는 것이 즐겁기 때문인지, 이성들과 같이 있는 것이 좋기 때문인지, 사회에서는 인정 못 받는데 교회에서는 인정받는 나 자신이 좋은 것인지, 아니면 내가 정말 하나님과의 관계가 건강해서 열심히 하는 것인지 잘 구분이 안 가는 것입니다.

우리는 교회 일을 열심히 하되, 그에 못지 않게 학교나 직장에도 성실히 임해야 합니다. 그리고 교회 일을 열심히 하는데 집에서 혼자 하는 신앙생활을 게을리 한다면 아마도 다른 동기로 열심히 하는 것이 아닌지 의심해 볼 필요도 있습니다. 균형을 잃어갈 때 나 자신이 건강한가 되돌아볼 필요가 있습니다.

반대의 경우입니다. '세상에서의 성공 = 좋은 신앙'이라는 논리입니다.

미국에 있을 때, 어느 전도사님은 중고등학생이나 대학생들이 모든 일에서 뛰어나지 않으면 큰 소리로 야단치고 비난을 했습니다. 신명기 28장의 말씀을 인용하면서 기독교인이 리더가 되려면 공부도 1등을 해야 하고 노래도 제일 잘해야 하고, 모든 일에 본이 되어야 한다고 하며 이 논리에 근거하여 학생들을 판단하는 경우였습니다.

> 📖 신명기 28:13
>
> 여호와께서 너를 머리가 되고 꼬리가 되지 않게 하시며 위에만 있고 아래에 있지 않게 하시리니…

신앙이 좋아도 대학에서 공부를 잘 하지 못하는 학생도 있고, 모든 일을 남보다 잘 하지 못하는 사람도 있는데 이러한 사람을 신앙이 잘못된 것으로 치부하고 야단을 치는 경우였습니다.

한 대학생이 있었습니다. 그는 신학을 해서 목회자가 되고 싶다는 생각은 있었으나 부모님의 기대에 맞추고, 또 자신도 확신이 없어서 다른 전공으로 대학을 갔습니다. 그러나 그 전공에 회의를 느끼고 고민 중에 있던 때였습니다. 그러다 보니 학교 성적도 좋지 않고, 학교생활을 적극적으로 하지 않게 되었습니다.

그러나 그를 지도하는 전도사님은 그가 신앙이 떨어졌기 때문에 공부를 안 하는 것이어서 빨리 돌이켜서 학업에 최선을 다하라는 것이었습니다. 그러나 그는 결국 좋지 못한 성적으로 대학을 졸업했으나 그후 신학대학원에 가서 훌륭한 목회자가 되었습니다.

저는 기업가나 사회에서 활동하는 분들 중에 사회적으로도 성공하고 또 많은 곳에서 그들의 신앙을 간증하는 사람들을 보았습니다. 그런데 그들 중에는 그 기업에서 일하는 사람들이나 주위 사람들로부터 심각한 비난을 받는 사람들이 꽤 있었습니다.

기업에서 예배를 드리고 하루를 시작하지만, 직원들을 대할 때나 모든 일을 결정할 때 보면 결코 신앙인으로서 하면 안 되는 행동들을 하는 것입니다. 특별히 직원들을 철저한 "을"로서 인격을 무시하고 그러면서도 예배에 빠지는 것은 용납하지 않는 것입니다.

세상에서의 성공이 신앙 성공은 결코 아닙니다. 여기저기 간증을 하고 다니는 사람들이 주변 사람들에게는 정말로 존경 받는 사람이 아닐 수 있습니다.

우리의 젊음은 너무 소중합니다. 일생에 다시 오지 않을 뿐 아니라 많은 꿈을 꿀 수 있고 자신과 하나님에게 투자할 수 있는 귀중한 시기입니다. 이때부터 균형을 유지하는 것은 매우 중요합니다. 젊을 때에는 한쪽에 치우쳐서 살다가 나이 들어 균형을 가지면 되겠지 하고 생각할 수 있으나, 그러면 젊을 때에 얻을 수 있었던 좋은 유익을 잃게 될 것입니다.

교회가 청년들의 도피처가 되어서는 안 됩니다. 미국에서는 한국 사람들이 미국 사회에 적응하기 힘들어 교회가 도피처가 되기도 합니다. 그러나 반대로 세상에서의 성공이 반드시 신앙의 성공도 아닌 것을 우리는 깨달아야 합니다.

젊을 때부터 우리는 삶의 균형을 한번 생각해 볼 필요가 있습니다.

내가 회사나 학교에 가기가 싫은데 혹시 교회를 도피처로 생각하고 있지 않은지? 아니면 내가 세상적으로 성공하다 보니, 저절로 내가 신앙이 좋다고 착각이 들지는 않는지? 그리고 내가 교회 생활은 열심히 하지만, 집에서는 말씀과 기도에 게을리하지는 않는지? 이러한 균형이 깨진 곳에서 나의 문제점을 발견할 필요가 있습니다. 균형이 깨진 곳을 수리하는 것이 곧 나를 건강하게 하는 길입니다.

삶과 전도

삶과 전도는 어떤 관계일까요? 물론 전도는 말로 합니다. 우리의 삶은 완벽할 수도 없습니다. 그럼에도 불구하고 많은 경우에 우리의 삶은 전도에 큰 영향을 미칩니다.

길거리에서 전도를 할 경우에는 우리의 삶이 영향을 미치지 않습니다. 그러나 회사나 사회에서 동료나 가족들에게 전도를 할 때에는 분명히 우리의 삶은 전도에 영향을 미칩니다.

우리가 건강을 지키기 위해서 "의사의 말은 잘 듣고 의사의 행동은 따라 하지 말라"는 말을 합니다. 의사들도 본인이 생각하는 건강 방법을 실천하지 못하기 때문에 나온 말일 것입니다.

의사의 행동을 보지 말고 말만 들으라는 것은 가능합니다. 그러나 아버지가 자녀들에게 자신의 행동은 닮지 말고 하는 말만 들으라는 것은 가능하지 않습니다.

마찬가지로 내가 전하는 복음만 듣고 내 삶은 보지

말라는 것도 가능하지 않습니다. 부모의 자녀교육과 복음은 말만 가지고는 되지 않고, 그의 삶이 영향을 미치기 때문입니다.

어떤 회사의 임원이 매일매일의 삶이 술로 찌들었고, 일 처리가 별로 윤리적이 아닌 것으로 모든 직원들이 알고 있었습니다. 그런데 얼마 전부터 교회에 열심히 나가기 시작한 그 임원은 모든 직원들에게 전도하고자 작은 전도 책자를 한 달에 한 번씩 모든 직원들 책상 위에 놓기 시작했습니다. 물론 과거의 생활이 사람들의 본을 받을 만하지 못했더라도 최소한 나중에 전도를 하는 시점에 변화가 되었다면 모르겠는데, 생활이 별로 변화하지 않은 가운데 전하는 책자는 아무 도움이 되지 못하고 오히려 역효과를 가져왔습니다.

저는 제발 이분이 전도를 하지 말았으면 하는 간절한 마음이 있었습니다. 아무리 전도가 중요하고 하나님의 말씀을 때를 얻든지 못 얻든지 전하라고 하셨어도 우리의 생활이 전도를 받는 사람보다 못하면 안 전하느니만 못한 결과를 가져옵니다.

또 목회자들 가운데 설교를 잘해서 유명해진 분들 중에는 생활에서 사회의 지탄을 받고 결국 설교자의 위치에서 물러나거나 그 영향력이 급격히 감소한 분들이 있습니다.

이렇듯 우리의 삶은 전도하는 데 매우 중요합니다. 그렇다고 물론 삶이 완벽할 수는 없고 완벽할 필요는 없습니다. 그러나 최소한 하나님을 향한 사랑으로 자신의 삶을 올바르게 살려고 노력하면 그 전도 받는 사람들은 그 삶이 완벽하지 아니할지라도 그 진정성을 알게 됩니다.

해야 할 것과 하지 말아야 할 것

우리가 육체의 건강을 지키려고 할 때도 적극적으로 해야 할 것이 있고 또 하지 말아야 할 것이 있습니다.

어떤 사람들은 술과 담배를 많이 하면서 열심히 운동

해서 이것을 보상하려고 하는 것을 보았습니다. 물론 운동이 어느 정도의 보상은 되겠지만, 결국은 건강을 유지하려면 끊어야 할 것은 반드시 끊어야 합니다.

좋은 습관이 모든 나쁜 습관을 보상해 주지 않습니다. 해야 할 것은 해야 하고, 끊어야 할 것은 끊어야 합니다.

먹는 것도 마찬가지입니다. 우리가 아무리 몸에 좋은 것을 많이 먹어도 동시에 몸에 나쁜 것을 끊지 않으면 소용이 없습니다. 몸에 좋은 음식이 나쁜 음식을 충분히 상쇄시키지 못합니다. 나이가 들수록 몸에 좋은 것을 먹는 것보다 오히려 뭐든 적게 먹는 것이 더욱 중요합니다.

최근 우리나라의 교회가 세상으로부터 많은 비난을 받는 이유는 기독교가 좋은 일을 하지 않아서가 아닙니다.

하지 말아야 할 일들을 해서입니다.

기독교가 어느 종교보다도 구제도 많이 하고 사회에 여러 가지 기여를 하고 있지만, 기독교가 사람들의 눈살을 찌푸리게 하는 일들을 또한 하기 때문에 비난을 받는 것입니다.

율법을 자세히 연구한 학자들이 유형을 분석해 보니까, 하라는 것이 248개, 하지 말라는 것이 365개로 구성되어 있다고 합니다. 고린도전서 13장을 보면, 사랑에 관한 내용 15개 중 하라는 것이 7개, 하지 말라는 것이 8개로 보입니다.

우리의 인격에는 하지 말아야 할 것들이 매우 중요합니다. 우리가 요즘 긍정의 시대에 살다가 보니까, 자꾸 부정적인 것에 관심을 안 가지려 합니다. 그러나 우리의 건강을 해치는 것, 우리나라의 기독교를 힘 빠지게 하는 것, 우리의 인격을 망가뜨리는 것은 이러한 "하면 안 되는 것"을 하는 데 있습니다.

한 친구가 담배를 못 끊고 있는데, 담배를 피우면서도 항상 불안한 것입니다. 그래서 기침을 좀 오래 하면 걱정이 되니까, 폐 사진을 찍고 또 운동을 더 열심히 하려고도 합니다. 그러나 아무리 생각해 보아도 담배를 끊는 것이 더 중요한 것 같습니다.

우리는 예수님을 닮기 위해서 적극적으로 선한 일도 해야겠지만, 하면 안 될 일을 끊는 것이 매우 중요합니다. 이것을 깨닫지 못한 많은 정치인들과 기독교 지도자들이 많은 잘한 업적을 뒤로하고, 중요한 실수로 인하여 역사의 뒤안길로 사라지고, 기독교에 먹칠을 하고 사라지곤 합니다.

저도 경험을 했는데, 어떤 사람이 저에게 여러 가지로 너무나 잘해 줍니다. 어느 누구보다도 더 잘해 줍니다. 근데 어느 한 가지로 저를 너무 힘들게 합니다. 너무 힘들어서 많은 생각을 하게 합니다. 아무리 이러한 면에서 힘들게 해도, 다른 것들로 나에게 정말 잘해주는데, 참아야지 하면서도 그 한 가지가 참지 못하게 합니다. 때로는 차라리 이렇게 잘하는 것을 다 그만두고 그 잘못하는 것 하나만 고치면 좋겠다는 생각을 합니다.

이러한 고민을 하는 사람들이 결국 이렇게 고마운 사람과 결국은 결별하게 된 이야기를 참 많이 들었습니다. 우리는 많은 실수를 합니다. 그러나 끊임없이 반복되는 잘못은 우리가 잘한 모든 것과 상쇄되지 못합니다.

따라서 우리는 인격을 이야기할 때 긍정적인 면뿐 아니라 하면 안 되는 부정적인 것을 안 하기 위해서도 기도와 노력이 계속 필요합니다.

믿음의 겉과 안

📖 **여호수아 23:6**
그러므로 너희는 크게 힘써 모세의 율법 책에 기록된 것을 다 지켜 행하라 그것을 떠나 우로나 좌로나 치우치지 말라.

성경을 보면 '좌로도 우로도 치우치지 말라'는 문장이 의외로 많이 나옵니다. 신명기 2장 27절, 5장 32절과 28장 14절, 잠언 4장 27절에도 나옵니다. 물론 가장 많이 우리가 기억하는 구절은 여호수아 1장 7절입니다.

정치에서는 한국이나 미국 또 유럽에도 좌와 우라는 다른 시각이 존재합니다. 그래서 서로 견제도 하면서 선거에 의하여 집권 세력이 바뀌기도 합니다. 좌와 우는 끊임없이 같이 존재하며 균형을 이루려고 합니다. 우리 믿음에는 겉과 안이라는 양면이 있다는 생각이 듭니다.

한쪽의 사람들은 지나치게 믿음의 겉에 신경을 많이 씁니다. 그런데 또 한쪽의 사람들은 겉은 무시합니다. 믿음의 안쪽이 중요하기 때문에 겉모양은 애써 무시하는 것입니다.

제가 오랫동안 교회를 다니면서 교회에 올 때의 복장에 대하여 두 종류의 이야기를 들었습니다. 미국에서 많이 들었는데, 교회에 옷을 대충 입고 오는 사람들을 야단치면서 하는 말이었습니다.

'어떻게 사람을 만날 때도 옷을 신경 쓰는데, 하나님을 만나러 오는 사람이 옷을 대충 입고 올 수가 있어? 하나님을 만나러 올 때에는 자기 옷 중에서 가장 좋고 깨끗한 옷을 입고 와야지.'

이러한 말들을 들어 보았는데, 특히 미국의 한인교회에서 많이 들은 것 같고, 실제로 상당히 많은 교회가 양복을 입고 교회에 오는 것을 당연히 여겼습니다.

그런가 하면 반대로 하나님은 중심을 보시기 때문에 옷은 그냥 편하게 원하는 대로 입고 오면 된다고 생각하는 사람들도 많이 있습니다. 한국에는 이러한 교회들도 많고 또 그렇지 않은 교회들도 있는 것 같습니다.

이 두 가지 말이 다 맞는 것 같고, 서로 반대가 되기도 합니다.

이와 같이 우리 기독교 신앙에는 겉모양을 매우 강조하는 사람들이 있는가 하면, 중요한 것이 아니라고 생각하는 사람들도 많습니다.

그런데 이 두 가지 다 그냥 주장을 하는 것이 아니라 꼭 성경 구절을 들어서 주장을 합니다.

'안'을 중요시 여기는 사람들이 좋아하는 성경 구절들입니다.

📖 잠언 4:23

모든 지킬 만한 것 중에 더욱 네 마음을 지키라 생명의 근원이 이에서 남이니라

📖 **마태복음 15:20**

이런 것들이 사람을 더럽게 하는 것이요 씻지 않은 손으로 먹는 것은 사람을 더럽게 하지 못하느니라

반대로 겉모양 또는 행동을 강조하는 구절들도 있습니다.

📖 **야고보서 2:18**

어떤 사람은 말하기를 너는 믿음이 있고 나는 행함이 있으니 행함이 없는 네 믿음을 내게 보이라 나는 행함으로 내 믿음을 네게 보이리라 하리라

📖 **로마서 14:21**

고기도 먹지 아니하고 포도주도 마시지 아니하고 무엇이든지 네 형제로 거리끼게 하는 일을 아니함이 아름다우니라

요즘 성경을 가지고 다니지 않는 사람을 강하게 비판하는 목사님들이 있는가 하면, 이미 스마트폰도 성경으

로 인정하는 사람들도 있습니다. 교회에서 프로젝트로 찬송가를 보여주어서 찬송가를 가지고 다니지 않게 되었다고 비판하는 사람들이 있는가 하면, 이것을 당연하게 여기는 사람들도 있습니다.

한번 네 종류의 사람으로 나누어 보았습니다.

마음　O　　겉모양　O

마음　O　　겉모양　X

마음　X　　겉모양　O

마음　X　　겉모양　X

마음과 겉모양이 다 있는 사람들은 가장 좋은 사람들이겠지요. 둘 다 없는 사람은 어쩔 수 없는 사람이지요. 그래도 정직한 사람일지도 모릅니다. 그런데 마음이 없는데 겉모양만 있는 사람은 위선자라고 하지요. 마음은 있는데 겉모양이 없는 사람은 약한 사람을 배려하지 않은 사람일지도 모릅니다.

이렇게 서로 다른 의견들 속에서 공동체 생활을 하는 우리는 어떤 원칙을 가지고 살아가야 할까요?

 물론 구체적인 하나하나의 문제에서 정확한 답이 매번 나오는 것은 아닙니다. 그러나 최소한 어떤 원칙이 존재해야 이러한 문제들을 해결해 나갈 수 있을 것 같습니다.

 우리가 매일 노력해야 할 것들은 어떤 것들일까요?

 먼저 겉모양에 집중하는 나를 발견하면 과감하게 거부해야 합니다. 다른 사람을 볼 때도 마찬가지이고 나를 볼 때도 마찬가지입니다.

 다른 사람을 바라볼 때 우리는 겉모양으로 판단하는 습관을 버려야 합니다. 물론 그 사람의 속마음을 알기가 쉽지는 않지만, 그래도 속마음을 알게 될 때까지 그 사람에 대하여 판단하는 것을 좀 미루는 것이 좋습니다. 겉모양을 가지고 한 사람을 판단했다가 나중에 후회한 적이 참 많습니다.

 그리고 자기 자신에 대하여도, 내가 만일 마음은 하나

님을 멀리하고 있는데 겉으로는 여전히 똑같은 겉모양을 유지하고 있다면 한번 자신을 되돌아 보아야 합니다.

저는 사람들이 교사나 어떤 봉사 직임을 그만두고 싶어 할 때, 한두 번 만류하고 그다음에는 더 이상 만류하지 않고 그만두게 합니다. 있는 힘을 다해 억지로 교사를 10년 해도 기쁨을 못 느끼는데, 교사를 그만두고 나면 오히려 교사의 귀중함을 느끼고 다시 하고 싶어 하는 사람을 여러 명 보았습니다. 예배 가기 싫은데 억지로 계속 나가다가 저는 출장이나 어떤 이유로 예배를 못 가게 되었을 때 예배가 막 그리워지는 경우도 많이 경험했습니다.

아버지를 떠난 탕자는 아버지의 사랑이 그리워졌지만, 겉모양을 유지하면서 아버지 옆에 있었던 큰아들은 아버지에 대한 그리움이 없었습니다. 겉모양을 오랫동안 지키다 보면 많은 결과들이 생겨납니다. 겉모양에만 익숙해지다가 속마음이 떠나갔는데 잘 느끼지 못합니다.

그리고 내가 겉모양을 지키는 것에 만족하여 내가 다

른 사람을 겉모양으로 판단하고 나 자신도 겉모양을 유지하는 데 신경을 쓰고 있다면 즉각적으로 나를 되돌아보아야 합니다.

'내가 속마음이 올바르니까 나는 모든 것에 자유롭다.'
'마음대로 해도 된다.'
그렇지는 않습니다.

성도들이 노래방에 가는 것이 죄일까요? 물론 노래방 가는 것이 죄가 아닌 것은 확실한 것 같습니다. 또 성도들이 가족들과 회사에서 노래방을 가기도 할 것입니다. 교회에서 장로들끼리 또는 남전도회에서 노래방을 가는 경우가 많지는 않겠지만, 만일 한 번 갔다면 그것도 큰 문제는 아닐 것입니다.

그러나 만일 교회 사람들이 노래방 가는 것이 너무 즐거워서 교인들끼리 노래방을 애용한다면 이것은 문제가 될 것입니다. 속마음이 올바르다고 우리가 모든 겉모양을 택할 수 있는 것은 아닙니다. 속마음에 걸맞는 겉모양을 택해야 합니다.

미국에서 다녔던 한 교회에서 청년부가 크리스마스 파티를 대부분의 사람들이 모르는 가운데 불이 깜빡깜빡 하는 장소로 변하며 다 같이 춤을 춰야 하는 상황으로 돌변했던 경험이 있습니다. 담당 목사님, 장로님들도 매우 당황했었습니다.

그 당시 알았던 사람들을 이십 년, 삼십 년 후 만나게 되면 저는 그분들의 기도하는 모습, 같이 성경 공부했던 경건한 모습이 생각나는 것이 아니라 춤추던 모습이 생각나는 것이었습니다.

우리가 적절한 모양을 택하는 것은 참으로 중요합니다. 죄가 아닌 것이라 할지라도 어쩌다 한 번 하는 것과 자주 하는 것은 큰 차이가 있습니다. 집사님들이 한 번 세상 노래를 같이 불렀다면 있을 수도 있다고 생각하는데, 만나기만 하면 가요를 같이 부른다면, 이것은 문제가 생깁니다.

남자와 여자의 관계를 한번 생각해 보겠습니다.

예전에 한 남자가 여러 여자를 각각 모르게 만나는 것을 보았습니다. 이런 남자들은 보통 남자들보다 여자들에게 더 잘합니다. 선물도 비싼 것으로 하고 겉으로 잘하지만 어느 한 여자도 진정으로 사랑하고 있지 않습니다.

그런데 이러한 사실이 발각될 때까지 여자들은 이 남자의 겉모습만 보고 속마음이 어떤지를 깨닫지 못합니다. 겉모양만 볼 수 있고 속마음은 볼 수 있는 능력이 없기 때문입니다.

그러나 어떤 남자가 한 여자를 정말로 사랑한다 하더라도, 그 남자가 'OK, 나는 마음만 있으면 되지' 하면서 절대로 선물도 안 하고 생일은 다반사로 잊어버린다면 그것도 문제일 것입니다.

1) 결국 우리는 겉모양에 치중하면 안 됩니다. 속마음을 볼 수 있어야 하고 나 자신도 겉모양보다는 속마음을 가꾸어야 합니다.
2) 그러나 속마음이 중요하다고 해서 겉모양을 아무렇게

나 해도 안 됩니다. 속마음에 적절하다고 생각하는 겉모양을 택하는 지혜가 필요합니다.
3) 그리고 겉모양은 상황이나 사람에 따라 다를 수 있기 때문에 비교하는 것을 조심해야 합니다.

자전거 탈 때만 균형이 필요한 것이 아니라, 신앙생활에서도 균형은 매우 중요한 것이라고 생각됩니다.

두 가지 원리

그리스도인은 두 가지 원리 아래서 살아가고 있습니다. 그런데 우리는 두 가지 중 한 가지 원리만을 원하고 또 다른 원리는 원하지 않을 때가 있습니다. 어떤 사람들은 이 두 가지 원리를 혼동해서 올바르게 적용하지 못하는 경우들이 있습니다. 이 두 가지 원리를 각각 잘 이해하고 적용해야만 그리스도인의 삶을 올바르게 살아갈 수 있다고 믿습니다.

• 세상에서의 두 가지 원리

 우리는 보통 생각 없이 살아갈 때가 많은데, 가만히 우리에게 일어나는 일들을 분석해 보면, 두 가지로 나눌 수 있습니다.
 한 가지는, 어떤 일들은 우리가 노력하면 그만큼 결과가 있는 그러한 일들입니다. 또 다른 한 가지는, 자신이 노력한다고 일이 되는 것이 아니고, 때로는 다른 사람의 노력이 오히려 결과에 중요한 경우들입니다.
 저는 첫 번째 원리를 '원리 1'이라고 부르고, 두 번째 원리를 '원리 2'라고 부르겠습니다.

 '원리 1'에 해당되는 것들이 생각보다 많은데, 그중 확실한 것을 하나 고르라면 건강에 대한 것입니다.
 우리가 어딘가 안 좋아서 병원에 가면 의사가 이렇게 이야기합니다.
 "이 약은 하루에 한 번 드시고, 반드시 운동을 30분 이상 일주일에 세 번 하세요. 음식은 적게 드시고 기름진 것은 피하세요."

혹시 의사가 이렇게 이야기하는 것을 들어 보신 적 있나요?

"당신이 건강해지려면 당신의 배우자가 하루에 30분 이상씩 운동해야 합니다."

"의사인 제가 일주일에 세 번 운동하면 당신이 건강해질 것입니다."

이런 이야기들은 평생 들어 보신 적이 없을 것입니다. 왜냐하면 나의 건강은 100% 내가 운동할 때 이루어지기 때문입니다.

돈이 매우 많은 재벌 회장이라 할지라도 그 돈으로 자신의 건강을 가져올 수 없습니다. 재벌 회장이나 길거리의 노숙자나 똑같이 자기 자신이 노력해야만 그만큼 건강해집니다.

매우 평등합니다. 우리는 이 세상이 불평등하다는 생각을 많이 하지만, 이렇게 내가 노력하는 만큼만 결과를 얻는 종류의 일도 생각보다 많이 있습니다.

오래전 어떤 기도원 원장님이 여성인데, 이런 이야기를 하셨습니다. 자신이 팔 근육이 너무 약해져서 팔 근육을 키우느라 아령으로 운동을 하고 있다는 것이었습니다. 기도를 많이 하는 기도원 원장이지만, 기도해서는 근육이 조금도 안 생긴다는 것입니다.

이렇게 내가 직접 노력해야만 결과를 얻을 수 있는 일들, 이러한 원리가 이 세상에 존재하는 원리 1입니다.

그런가 하면 사회에서 열심히 일하는 사람이 성공해야 할 것 같은데 꼭 그렇지 않다는 것입니다.

어떤 사람은 열심히 일하지 않아도 필요한 사람에게 잘 보여서 승진을 잘하는 경우도 많이 있습니다. 열심히 일해도 이상하게 승진을 못 하는 사람도 있습니다.

제가 글로벌 회사의 한국 지사를 여러 군데 다녔는데, 일은 못하는데 영어를 잘해서 승진하는 사람이 있는가 하면, 일은 정말 잘하는데 영어를 못해서 외국 사람들이 알아주지 않아서 승진을 못 하는 경우도 많았습니다.

몇 년 전에는 고등학생이 좋은 대학에 가려면 세 가

지 조건이 필요한데, 그중에 하나가 할아버지의 재력이었습니다. 사실상 입시제도가 어떻게 변해도 세월이 가면 갈수록 개인이 무조건 열심히 한다고 좋은 대학을 가지는 못하고 있습니다. 돈과 정보가 점점 더 중요해지고 있습니다.

이렇게 우리는 두 종류의 일들을 경험하면서 살아갑니다. 어떤 것은 내가 노력하는 것만큼 결과를 얻고, 어떤 것은 노력해도 결과를 얻기 힘든 일들이 있습니다.

• 공정한 사회

사실 이 두 가지의 비율이 공정한 사회냐, 아니냐를 구분 짓는 한 가지 방법이 될 수 있습니다. 미국은 우리나라에 비하여 열심히 하면 성공할 확률이 더 높습니다.

우리나라는 의외로 열심히 한다고 다 잘 되지는 않습니다. 특별히 작은 사업을 하는 사람들은 미국에서 성공할 확률이 한국에 비하여 훨씬 높다고 합니다. 그러나 아프리카나 아시아의 어떤 나라들은 우리나라보다 더 공정성이 없습니다. 열심히 해서 얻을 수 있는 것이 별로 없는 나라도 있을 것입니다.

• **기독교인의 두 가지 원리**

우리 기독교인에게도 두 가지 원리가 있습니다.

첫 번째는 구원을 이루는 원리입니다. 이것은 내가 노력한 만큼 이루는 원리가 아닙니다. 그런데 사람들은 이 원리를 받아들이기 너무 힘들어 합니다. 세상에서 공정하지 못한 것들을 너무 많이 경험해서, 나쁜 일을 하는 사람들이 더 잘 살고 더 오래 살아서, 교회에 와서는 공정한 것을 보고 싶어 합니다. 그런데 교회에 오자마자 행위에 관계없이 모두 믿음으로 구원받는다는 원리는 쉽게 받아들여지지가 않습니다.

그럼에도 불구하고 구원의 원리는, 위에서 이야기한 두 번째 원리입니다. 노력과는 관계가 없습니다. 에베소서 2장에서는 이것을 '은혜의 원리'요, '믿음의 원리'요,

행위에서 나지 않았다고 이야기합니다. '너희에게서 나지 않았다'고 합니다. 이 행위는 아까 이야기한 노력과 연결할 수 있습니다. 우리가 노력하는 것과 전혀 관계없이 구원이 이루어진다는 것입니다.

그러나 세상에는 우리가 생각했던 것보다 더 많이 이러한 일들이 일어납니다. 지구상에 의외로 위험 지역을 여행하다가 인질로 잡히는 서양 사람들과 한국 사람들이 많이 있습니다. 얼마 전에도 한국 사람들 몇 명이 인질로 잡혔습니다.

우리가 만일 인질로 잡혀 간다면 거기서 풀려나기 위한 우리의 노력은 아무 도움이 안 됩니다. 아무리 내가 그 안에서 성실하게 살아도, 아무리 열심히 운동을 해도, 공부를 해도 의미가 없습니다. 아무리 잘생겼어도 소용이 없습니다.

인질로 잡힌 사람은 자신의 국가나 가족이 수십 억원의 돈을 지불해야만 풀려날 수 있습니다. 왜 공정하지 못하냐고 항의해도 소용없습니다. 이 상황에서는 자신이 구원받는 것은 자신의 노력과 전혀 관계가 없기 때문입니다.

지금으로부터 16년 전 2004년에 우리나라의 김선일 씨가 이라크에서 인질로 잡혔습니다. 16년이 지났지만 아직도 기억하는 것은 김선일 씨를 처형하기 전에 시간을 주고 잡혀 있는 모습을 동영상으로 세상 사람들이 보게 했다는 것입니다.

그 당시에 김선일 씨의 부모가 인터뷰하는 것을 보았었습니다. 자식이 죽으면 어떻게 죽어도 다 슬프겠지만, 김선일 씨의 부모는 정말로 마음이 찢어지는 상황이었을 것입니다. 살려달라는 김선일 씨의 동영상을 보면서 어떻게 견디었는지 참으로 안타까웠습니다. 우리가 그 상황이 된다면 어떻게 이것을 견딜 수 있을까요?

아마도 그 부모의 심정은 나와 내 자식이 처한 상황이 바뀔 수만 있다면 무엇이든지 할 수 있는 그런 심정이었을 것입니다. 인질범이 허락만 한다면 내가 거기 인질로 가고 내 자식은 거기서 나와 한국으로 올 수 있기를 간절히 간절히 또 간절히 빌었을 것이라 생각됩니다.

우리의 구원은 우리의 노력과 1%도 관계가 없습니다.

그런데 2천 년 전에 김선일 씨가 죽은 매우 가까운 곳에서 역시 30대인 한 사람이 억울하게 죽임을 당했습니다. 바로 예수님이셨습니다.

김선일 씨의 경우처럼 동영상으로 보는 것이 아니라, 하나님 아버지는 자신의 독생자가 십자가에서 죽어가는 모습을 직접 보고 계셨습니다. 십자가 위에서 고통스럽게 죽어가는 모습을 김선일 씨의 아버지처럼 보고만 있을 수밖에 없었습니다. 나의 노력으로 구원을 이루려는 종교는 너무나 많습니다.

그러나 기독교는 나의 노력과 아무 관계없이 하나님의 노력으로 우리가 구원을 받았음을 이야기해 줍니다. 마치 내가 암에 걸렸는데, 나는 아무 노력도 하지 않고 다른 사람이, 의사가 열심히 노력해서 내가 암이 나은 것과 같습니다.

"나는 공정한 사회를 원합니다"라고 이야기하는 순

간, 공정한 원리가 우리를 지배할 때 우리 중 구원받을 수 있는 사람이 하나도 없다는 것을 깨달아야 합니다.

지금 지구상의 인구가 77억을 넘어섰다고 하는데, 이 많은 사람 중에 어떤 돌연변이가 있다 하더라도 스스로 구원받을 수 없습니다. 아마 인구가 더 늘어나서 200억이 되더라도 단 한 사람도 스스로 구원받을 수 없을 것입니다.

우리에게는 공의로운 원리가 아닌 것처럼 보이는 이 원리에 의해서 구원받는 것이 얼마나 감사한 일인지 모릅니다.

그런데 우리 기독교인에게 구원을 받고 나서 또 하나의 원리가 있음을 알게 됩니다. 그것은 갈라디아서 6장 7-8절의 "심은 대로 거둔다"는 원리입니다.

요즘 인터넷이 발달하면서 사람들을 현혹시키는 많은 광고나 잘못된 가짜 뉴스들이 있습니다. 한 가지만 열심히 하면 건강이 금방 생기는 것같이, 어떤 특별한 과정에 등록하면 영어가 순식간에 늘 것 같은 광고가 너무 많고 사람들이 여기에 엄청난 돈을 쓰고 있습니다. 그러나 정작 해 보면 그러한 광고가 다 거짓된 것임을 금방 알 수 있습니다. 건강도 영어도 우리에게 많은 시간과 노력을 요구합니다.

그런데 우리의 믿음도 신앙도 성장하고 성숙하기 위해서는 간단한 방법이 없습니다. 여기에도 많은 시간과 노력이 필요합니다. '구원받고 나서 아무것도 안 했는데 20년 지났더니 신앙이 성장했더라' 하는 사람은 한 번도 본 적이 없습니다.

굉장히 비싼 성경 세미나를 1년 내내 들으면 신앙이 쑥쑥 성장하는 그런 비결도 없습니다. 우리가 매일 말씀을 읽고, 말씀과 씨름하고 적용하려고 고민하고 하는 가운데 신앙의 성장이 있습니다. 기도가 응답되어서 하나님께 감사하고 기도가 응답이 안 되었을 때 어떻게 받아들여야 할까 힘든 시간을 보내면서 하나님과 가까워집니다.

우리가 이 지점에서는 공짜로 주시는 하나님의 은혜

를 바라는 경우가 있습니다. 그러나 이 지점에서 물론 하나님의 지속적인 은혜도 구해야겠으나, 우리의 끊임없는 심는 행위가 지속적으로 필요합니다.

갈라디아서와 로마서, 에베소서는 각각 처음에 노력으로 되지 않는 원리를 가르치고, 나중에는 성화를 이루는 노력의 원리를 가르칩니다. 우리는 처음 믿을 때에는 노력과 관계없이 주어지는 은혜에 저항합니다. 그러나 믿고 나서는 또한 심어야 하는 원리에 저항합니다. 마치 청개구리같이 말입니다.

우리 기독교인들은 두 가지 원리를 가지고 이 세상을 살아가야 합니다.

첫 번째는 은혜의 원리입니다. 받아들이기 어려워도 나 대신 목숨을 버리신 예수님의 죽음이 나에게 삶을 가져왔다는 이 원리가 감사함으로 다가와야 합니다.

두 번째는 이제 우리가 이 세상을 살아갈 동안, 열심히 말씀으로 기도로 심어야 합니다. 다른 왕도가 없음을 깨닫고 말씀과 기도로 매일 씨름을 해야 합니다.

PART 3

리더십의 균형

Part 3에서는 특별히 리더십에 관련된 균형을 이야기하겠습니다. 우리가 살아가는 모든 영역에서 균형을 잃기 쉽지만, 우리 성도들은 교회 공동체 안에서 평생을 살아가는데, 이 리더십의 문제에 많은 이견이 있고 여기에서 많은 상처를 받습니다.
그래서 Part 3에서는 리더십에 관련된 균형의 예를 몇 가지 다루었습니다.

The Balance

지도자(사람 지도자, 예수 그리스도)

우리 그리스도인에게는 예수님만이 유일한 지도자입니다. 그러나 우리에게 인간 지도자들도 있습니다. 어떤 사람들은 인간 지도자를 추종하다가 그를 신격화하여 진짜 우리의 지도자인 예수님을 잃어버립니다. 모든 이단은 인간 지도자를 아무 분별력 없이 따릅니다. 그래서 그들 자신이 재림 예수라 해도, 그들이 돈에 욕심을 부려도, 그들이 심지어 성폭력을 행해도 그들을 따릅니다.

그런데 또 다른 극단이 있습니다. 어떤 사람들은 우리의 지도자는 오직 예수님이기 때문에 인간 지도자를 인정하려 들지 않습니다. 그래서 극단적으로 조직을 만들지 않고 믿는 자들이 평등하게 다 같이 모여 예배를 드리고 살아가는 그리스도인들도 있습니다. 그러나 사람들이 적을 때에는 그것이 가능하지만, 사람들이 많아지면 어쩔 수 없이 우리는 조직을 이룰 수밖에 없습니다. 그렇기 때문에 모세도 조직을 세웠으며 신약시대의 사도들도 집사 일곱 명을 선정하였습니다

우리나라 국민들은 특별히 조직을 좋아하는지 다섯 명만 모여도 회장, 부회장, 총무, 회계, 서기를 임명하기는 합니다. 지나치게 조직화되는 것도 좋은 것은 아니지만, 그리스도인들이 50명, 100명이 모이면 조직 없이 예배를 드리거나 행사를 하는 것도 힘들어집니다. 따라서 우리는 조직을 만들고 지도자를 정하는 것을 비신앙적이라고 비판해서는 안 됩니다.

물론 우리가 인간 지도자를 세울 때에는 그 사람이 정말로 지도자의 자격을 갖춘 사람인지 최선을 다하여 점검하고 기도한 이후에 세워야 할 것입니다. 디모데전

서 3장과 디도서 1장에는 이러한 지도자가 되는 데 필요한 자격들을 나열하고 있습니다. 우리가 이러한 성경에 열거된 자격들을 가지고 그 사람을 점검하고 같이 기도하여 뽑게 되면, 비록 그가 인간이지만 우리의 지도자인 것을 인정해야 합니다.

그러나 그렇게 세워진 지도자라 할지라도 인간은 때로 실수도 하고 약점이 여기저기 있습니다. 그럼에도 불구하고 세워진 지도자가 자신의 약함을 회개하며 매일매일 하나님께로 나아가려 한다면, 우리는 그의 약점에도 그를 지도자로 인정하고 그의 리더십에 따라 우리의 신앙생활을 영위해 나가야 합니다. 물론 그가 현저히 잘못된 리더십을 발휘하고 있을 때에는 기도해 보고 성경적 원칙에 따라 그의 잘못을 이야기할 수 있다고 생각합니다.

우리는 성도들의 지도자로서 예수님만 인정하고 인간인 지도자를 인정하지 않는 잘못도 피해야 하고, 인간 지도자를 예수님과 같은 높이에 두거나 더 높이 두는 잘못도 피해야 합니다. 예수님이 최종적인 우리의 지도자이기는 하지만, 하나님께서 허락하신 훌륭한 지도자들을 인정하고 그들과 성경적으로 같이 일을 해 나가야 합니다.

리더의 비전과 구성원의 공감

우리는 교회에서 리더의 비전이 매우 크고 광대한데 구성원들이 공감하지 못하는 경우를 가끔 봅니다.

가장 흔한 예가 있습니다. 교회에 너무나 많은 성도들로 자리가 모자라서 여러 모임에서 특별히 당회에서도 건축을 현재 건물의 두 배로 해야겠다는 의견들이 많이 나올 수 있습니다. 그런데 구성원 중에는 지금 우리의 헌금 능력으로는 그것이 어렵고 또 이러다가 성도들이 지금 느는 것같이 향후에도 많이 늘지 않으면 나중에는 새로운 건물에 비는 자리가 생기고 오히려 은행에서 대출받은 것을 갚지 못할지 모르는 상황이 될 수도 있다고 생각합니다.

그러나 담임 목회자는 우리는 기업이 아니고 하나님의 교회이기 때문에 불가능한 것에 도전해야 하고 다 같이 기도하면 못 이룰 것이 없다고 이야기합니다. 그러나 또 구성원들은 우리나라에 그렇게 하다 부도가 나고 결국은 교회 건물을 팔아야 하고 교인들은 분열되는 교회가 얼마나 많느냐고 이야기합니다. 비단 건축뿐 아니라 이러한 비전의 차이로 생기는 문제는 많기도 하고 다양합니다.

이러한 일들이 많이 생길 때 리더는 어떻게 행동해야 할까요? 어떤 리더는 구성원의 반대에 자신의 비전을 항상 포기하는 경우도 있고, 어떤 리더는 다른 사람의 반대를 무릅쓰고 자신의 비전대로 결정하고 행동하는 경우도 있습니다.

사실 개인은 자신의 비전대로 행동하면 됩니다. 나 자신이 이 비전으로 행동했을 때 잘못되어도 내 책임이고 모든 발생하는 어려움은 내가 감당하면 됩니다. 그러나 가정을 비롯해 구성원이 두 명 이상만 되면 한 사람의 큰 비전으로 모든 결정을 하기 힘들어집니다.

그러면 어떻게 해야 합니까? 리더는 하나님이 주시는 비전을 가지지 말고 항상 다수결에 의한 합리적인 의사 결정만을 해야 합니까? 세상의 조직과 똑같이 해야 합니까? 아니면 리더가 하나님이 보여주신 비전을 밀어붙여서 구성원들이 반대하더라도 추진해야 합니까?

그러나 교회라는 조직은 잘못된 결과에 대하여 담임 목회자 혼자 책임질 수가 없습니다. 그래서 모든 반대를 무릅쓰고 그의 비전을 향하여 나아갈 수는 없습니다.

그렇다면 리더의 비전은 어떻게 합니까? 여기에서의 균형은 무엇입니까? 어렵지만 리더는 비전을 공유하는 단계를 거쳐 나가야 합니다. 이 비전을 기도하면서 여러 사람과 공유하고 그들도 기도하도록 격려해야 합니다.

충분한 시간을 두고 이 기간을 거쳐서 상당히 많은 구성원이 불가능해 보이지만 이것이 하나님이 원하시는 비전이라는 것을 확신하게 될 때 밀고 나가는 것이 올바른 방향이라고 믿어집니다.

리더와 구성원의 관계 형성

하나의 조직이 살아 있으려면 그 안에 있어야 하는 것이 리더십입니다. 리더십이 살아 있느냐, 아니면 죽어 있느냐, 건강하냐, 건강하지 아니하냐가 그 조직의 생명을 결정합니다.

가장 큰 국가의 리더십부터 시작하여 몇 명 안 되는 작은 팀들의 리더십까지 보면서, 리더십이 휘청휘청 제대로 서지 못하여, 하나의 조직이 어려움을 겪게 되는 것을 많이 보았습니다.

리더들을 리더십(leadership) 교육을 받게도 해 보고, 좋은 리더로 교체도 해 보지만, 역시 쉽지가 않습니다. 또 부흥사들이 교회에 와서 순종하지 않는 성도들을 마구 야단치고, 주의 종에게 순종하라고 혼을 내기도 하지만, 그 또한 별로 효과적이지 못합니다.

왜 그런가 하면, 리더십이 살아서 제대로 작동을 하려면 리더와 팀원 어느 한쪽의 노력으로 되는 일이 아니기 때문입니다. 양쪽이 동시에 변화하지 않고는 어느 한쪽이 지극한 인내력을 가지고 임한다 하더라도, 결국은 양쪽 모두 상처받는 것으로 끝납니다. 아무리 훌륭한 리더라도 이상한 팀원들을 끝까지 참아내지 못하고, 순종적인 팀원들이라 할지라도 정상적이지 않은 리더를 영원히 섬기지 못합니다. 따라서 양쪽이 건강해야 리더십이 건강합니다.

어떤 경우는 훌륭한 신앙을 가진 사람이 리더로서는 좋은 리더가 되지 못하는 것도 보았고, 기도를 많이 해도 엉뚱한 방향으로 리더십을 발휘하는 것도 보았습니다.

리더는 믿음도 좋아야 하고, 기도도 많이 해야겠지만, 그와 동시에 리더가 해야 할 일과 해서는 안 될 일을 정확히 알고, 균형 있게 행동해야 하는 것을 알아야만, 좋은 리더가 될 수 있는 것 같습니다. 그와 동시에 팀원들도 어떻게 리더와 관계를 맺을지 잘 알아야만 합니다.

어쩌면 리더가 처음 할 일은, 리더가 되자마자 팀원들과 논의하여 이것부터 정립을 해야 할지도 모릅니다. 잘 모르는 사람들에게는 교육도 필요할지 모르겠습니다.

그러면 리더와 팀원은 각각 어떤 원칙을 가지고 행동해야 그 모임이 건강해지고 리더십이 적절하게 계속 살아 있을 수 있을까요?

첫째는 "90% / 10% 원칙(rule)"을 제안합니다. 모든 일을 팀원이 다 같이 결정할 수는 없습니다. 그렇다고 모든 문제를 리더가 다 결정해도 안 됩니다. 90%의 작은 일들은 리더가 결정하고 팀원들이 웬만하면 그대로 따라야 합니다. 그러나 10%의 중요한 일은 리더 스스로 팀원들과 같이 결정하려고 해야 합니다.

둘째는, 팀원들이 위의 원칙(rule)을 잘 생각해서 무엇을 해야 할지, 무엇을 하지 말아야 할지 알아야 합니다. 90%는 웬만하면 따르려는 자세가 있어야 하고, 10%는 중요한 문제만 같이 결정하려는 자세가 필요합니다.

오래전 어떤 모임에서 예배 때 특송을 하기로 되어 있었는데, 그 모임 회장이 찬송가를 한 곡 골랐습니다. 그런데 한 사람씩 그 곡에 대해서 이야기하기 시작했습니다. 그 곡은 너무 빨라서 나이든 사람들이 부르기 힘들다는 것입니다. 또 어떤 사람은 느린 곡은 너무 쳐져서 특송으로 하기 힘들다는 것입니다.

그래서 여러 사람이 이야기하다 결국은 여러 곡을 추천해서 다수결로 결정을 하게 되었습니다. 아무리 생각해도 바람직한 민주적 절차는 아니었던 것 같습니다. 어차피 혼자 부르는 것이 아닌데, 회장이 정한 곡이면 좀 맘에 안 들어도 같이 특송을 할 수 있는데 이것을 가지고 장시간 논의하는 것 자체가 정말 시간과 노력의 낭비였습니다. 90%에 속한 것을 10%처럼 해결한 것입니다.

셋째는, 리더가 이 10%의 문제를 잘 인식해서 스스로 팀원들에게 가지고 나와야 합니다. 다 같이 정할 필요가 있는 이슈를 리더가 혼자 정해서 밀고 나가려 할 때 많은 문제가 생깁니다.

언젠가 팀원들이 다 같이 하는 회식을 본인이 그냥 날짜를 정한 경우가 있었습니다. 사람들이 이 사람도 선약이 있다, 다른 사람도 날짜가 안 좋다 하면서, 왜 이런 것을 회장이 혼자 정하냐고 비판을 하니까, 회장도 화를 내면서, "내가 회장인데, 이런 것도 내 마음대로 결정 못 해?"라고 말하였습니다.

이 문제는 분명히 회장이 스스로 모든 사람들한테 어느 날짜로 하면 좋을지 의견을 모아서 정해야 할 문제입니다. 회장이 이렇게 행동하면, 아무리 팀원들이 순종적으로 살겠다고 결심해도 이 모임에 대하여 불만이 누적되고 회장을 신뢰할 수 없는 지경에 이르고 맙니다.

넷째는, 그러면 리더가 90%의 문제는 자기 마음대로 결정해도 될까요?

이 부분에서 계속적으로 잘못 결정하다가 어려움을 겪는 경우도 많이 보았습니다. 리더가 마음대로 결정해도 되는 영역이라 할지라도, 많은 사람이 생각할 때 수긍이 가는 방향으로 결정하는 경우의 수가 많아야 합니다. 물론 100% 모든 사람의 마음에 드는 경우는 없겠지만, 이 리더가 올바르게 결정하는 것 같다고 여기게 대부분 결정하면 구성원들은 이 리더에 대하여 신뢰가 형성되고, 간간이 약간의 불만이 있더라도 대부분을 잘 결정하는 이 리더를 따르게 됩니다.

그러나 하나하나 결정할 때마다 정상적으로 결정하지 않는 리더에 대하여는 시간이 가면 신뢰가 깨지고, 처음에는 참다가 나중에는 많은 사람들이 폭발을 하게 됩니다.

따라서 90%에 대한 의사결정도, 다 같이 결정하더라도 이렇게 했겠구나 하는 방향으로 대부분 결정이 되어야 합니다. 가끔은 실수가 있겠지만 전반적인 방향이 신뢰받을 만하면 덜 중요한 영역에서는 사람들이 인내심을 발휘할 수 있습니다.

마지막으로, 하나 중요한 것은 모든 사람의 마음의 여유입니다.

사실, 어느 문제가 10%에 속하는지, 어느 문제가 90%에 속하는지도 서로 의견이 다를 수 있습니다. 리더는 이 정도는 나 혼자 결정해도 될 문제라고 생각하는데, 다수의 사람들이 리더가 혼자 결정하면 안 되고 다 같이 의논해야 할 일이라고 생각할 수도 있습니다.

따라서 위의 원칙들을 서로서로 지켜나가려고 노력하면, 많은 문제들이 줄어들기는 하지만, 역시 완전히 해결할 수는 없습니다. 그래서 푸근한 마음들이 필요합니다.

우리가 비판하기에 앞서 몇 가지 점검해 보아야 합니다.

내가 비판하려고 하는 이 일은 중요한 일인가, 별로 중요하지 않은 일인가? 중요한 일이 아니라면 비판하려는 것을 좀 신중히 할 필요가 있습니다. 그리고 이것이 나만 좀 기분 나쁘고 지나갈 일인가, 아니면 공동체적으로 바로잡고 나가는 것이 좋은 일인가?

이러한 생각들을 한 후에 감정적으로 급히 처리하지 말고 좀 더 완숙된 생각으로 가공을 한 후 이야기하는 것이 좋을 때가 많습니다.

저도 어떤 이야기를 듣고 막 흥분해서 '이것은 빨리 바로잡아야지' 하고 생각했었는데, 하루 이틀 생각해 보고 또 상황의 변화가 생기면서 화를 낼 일이 전혀 아니라는 결론에 이른 적도 여러 번 있었습니다.

결국, 리더십의 문제는 먼저 위의 몇 가지 원칙이 공유되고, 서로 인정을 해야 합니다. 그리고 이 원칙들을 지켜 나가는 데, 모든 사람의 여유와 푸근한 마음이 필요합니다. 성숙된 사람들이 많이 모인 곳에서는 저절로 이렇게 운영되는 것을 보기도 했습니다.

어떤 모임에서는 원칙이 전혀 존재하지 않아서 모든 일을 모든 사람이 결정하려고 하는 경우도 보았고, 리더가 모든 것을 마음대로 하려는 경우도 보았습니다.

저는 1년마다 건강검진을 받으면 여기저기 물혹이 생기고 그 숫자도 하나하나 늘어가기만 합니다. 조직도 시간이 가면 갈수록 관료화되고, 유연성이 떨어지고, 상처받고 하는 일들이 생겨나면서, 조직의 물혹 수가 늘어갑니다.

푸근한 마음만 있어도 안 됩니다. 나름대로 큰 원칙은 있어야만 많은 상처를 방지할 수 있습니다. 큰 원칙과 그 안에 참기름과 같은 푸근한 마음이 같이 곁들여져야만 그 조직은 오래되어도 생동감이 있는 그러한 조직으로 계속될 것 같습니다.

리더십은 기술이라기보다는 문화라고 생각됩니다. 리더십은 리더가 가진 것이 아니라 리더와 팀원들이 공유하고 있는 문화라고 생각이 됩니다.

> "A leader is a reader who is reading other persons' minds."

리더십 간의 균형

또 하나의 균형은 여러 리더십 간의 균형입니다.

담임 목회자는 유초등부, 중고등부, 청년부의 담당 목회자들에게 많은 권한을 위임합니다. 그런데 만일 담임 목회자가 내가 최종 결정자이기 때문에 담당자들이 정한 결정을 아무 때나 뒤집고 또 중고등부에 가서 담당 교역자에게 반말을 하면 두 사람 모두 신뢰를 잃어 버리게 됩니다. 담임 목회자는 덜 중요한 90%는 담당 교역자에게 맡기고 크게 잘못되지 않은 결정은 그들의 결정을 따라

주는 것이 좋습니다.

10%의 중요한 결정은 담당 교역자들이 스스로 담임 목회자에게 가서 의논하고 같이 결정하는 것이 좋습니다. 이러한 균형을 잃어 버리면 중요한 것도 담당자가 보고를 안 하거나 반대로 담임 목회자가 작은 일까지 다 관여하거나 때로는 의사결정을 쉽게 뒤집기도 합니다.

오래전 한 신문에서 본 기사는 어느 담임 목사님은 중고등부에 가면 중고등부 전도사님을 가장 높이고 본인은 절대로 그 위에 있다는 표시를 안 한다고 했습니다. 걸을 때에도 전도사님을 먼저 가게 하고 본인이 뒤에 갔다고 합니다.

그렇게 하는 것이 담임 목회자의 권위를 떨어뜨리지 않습니다. 오히려 그렇게 권한을 잘 위임하는 지도자는 배로 존경을 받습니다. 담당 교역자와 그 부서 학생들이 이렇게 행동하는 담임 목회자를 마음을 다해 존경하게 되는 것입니다.

이것은 담임 목회자의 권위에서 일정 부분을 빼서 담당 교역자에게 주는 행동이 아닙니다. 이것은 균형을 이루면서 두 사람 다 모든 사람의 존경을 받게 되는 것입니다.

이렇듯 균형은 모든 영역을 건강하게 만듭니다.

PART 4

맺는 말

The Balance

사랑 안에 있는 작은 사랑들

성경에서는 구약과 신약 전체에 "사랑"이라는 주제가 관통하고 있습니다. 그 대상은 아주 넓습니다. 하나님을 사랑하고, 가족, 교회, 이웃, 심지어는 우리가 예상하지 못한 원수까지 이릅니다. 그리고 빼놓으면 안 되는 것이 자기 자신에 대한 사랑입니다.

앞에서 이야기한 것같이 우리의 전체 사랑이 건강하려면 작은 사랑들 간에 균형이 전제되어야 합니다. 자신의 가정을 사랑하지만, 사회를 사랑하지 못하는 사람은 자식의 이익을 위해서 불법을 하면서까지 자식에 대한 사랑을 관철합니다. 국가를 사랑하지만, 세계를 사랑하지 못하는 사람은 자신의 국민은 끔찍이 사랑하지만, 다른 민족에 대하여는 증오로 가득 찰 수 있습니다.

하나님이 주신 명령인 '사랑'의 종합점수를 잘 받으려면 하나하나의 사랑을 잘 계발하는 것도 중요하지만, 사랑과 사랑 가운데 균형을 이루는 것도 매우 중요하다고 생각합니다. 아마도 건강한 사랑이라면 그 안에 '균형을 이루려는 본능'이 들어 있다고 생각합니다.

삼손은 한 여인을 사랑했으나 그 사랑이 너무 커지면서 하나님에 대한 사랑을 잃어 버렸습니다. 모세는 자신의 민족을 사랑했지만, 살인을 범하면 안 된다는 것을 잊어 버렸습니다. 야곱은 자신의 성공을 사랑했기 때문에 가족들을 올바르게 사랑하지 못했습니다.

사람들은 누구나 자신의 행동을 '사랑'이라는 동기로 정당화합니다. 그런데 이러한 사랑이라는 동기가 돌이킬 수 없는 많은 잘못이라는 결과로 끝나기도 합니다. 처음부터 이 균형을 다 이룬 사람은 없을 것입니다. 그리고 사람마다 상황마다 균형의 형태가 조금씩 다를 수 있을 것입니다.

그러나 각자의 성도는 하나님이 자신에게 주신 모든 대상을 균형 있게 사랑하기 위하여 평생 노력하는 것이 중요할 것입니다. 한쪽 사랑이 비정상적으로 커지면 그 사랑이 다른 사랑을 짓눌러서 다른 사랑은 찌그러지고 제대로 자라날 수 없을 것입니다. 마치 우리 안에 비정상적인 종양이 자라나면 우리의 건강한 조직이 짓눌리고 건강할 수 없듯이 말입니다.

우리가 하루를 마치면서 내가 사랑해야 할 모든 대상을 어떻게 사랑했는지 한번 살펴보고 적어 보면 좋을 것 같습니다.

내 가족을 어떻게 사랑했는가? 나의 교회는 어떻게 사랑했는가? 나의 국가를 사랑해서 법을 지키고, 작은 공중도덕도 잘 지켰는가? 길에 지나가는 사람을 존중했는가? 거리에서 나에게 거칠게 대했던 사람에게 원수도 사랑하라고 하신 예수님의 말씀을 적용했는가? 나 자신을 오늘 미워했는가 아니면 사랑했는가? 하나님을 사랑하기 때문에 내가 오늘 무엇을 했는가?

이렇게 매일 자신을 돌아보며 사랑과 사랑 간에 균형을 이룬다면 우리는 나이가 들어갈수록, 젊을 때보다 훨씬 균형 있는 사랑을 하게 되어 하나님과 많은 사람들로부터 성숙한 그리스도인으로 인정받을 것입니다.

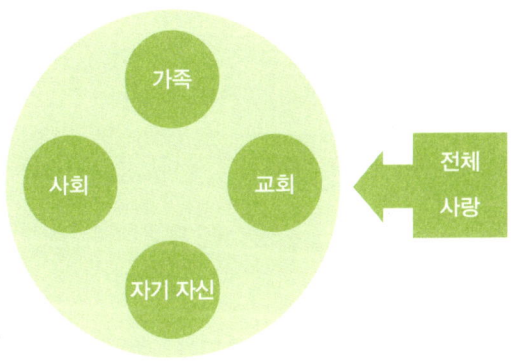

균형의 영성
The Balance

1판 1쇄 인쇄 _ 2020년 11월 20일
1판 1쇄 발행 _ 2020년 11월 25일

지은이 _ 강문종
펴낸이 _ 이형규
펴낸곳 _ 쿰란출판사

주소 _ 서울특별시 종로구 이화장길 6
편집부 _ 745-1007, 745-1301~2, 747-1212, 743-1300
영업부 _ 747-1004, FAX 745-8490
본사평생전화번호 _ 0502-756-1004
홈페이지 _ http://www.qumran.co.kr
E-mail _ qrbooks@daum.net / qrbooks@gmail.com
한글인터넷주소 _ 쿰란, 쿰란출판사
페이스북 _ www.facebook.com/qumranpeople
인스타그램 _ www.instagram.com/qrbooks
등록 _ 제1-670호(1988.2.27)
책임교열 _ 최가영·오완

© 강문종 2020 ISBN 979-11-6143-472-8 03230

책값은 뒤표지에 있습니다.
이 출판물은 저작권법에 의해 보호를 받는 저작물이므로 무단 복제할 수 없습니다.
파본(破本)은 구입처에서 교환해 드립니다.